노력 보존의 법칙

99%의 노력을 결정지을
1%의 방향을 찾아라

노력
보존의
법칙

윤태익 지음

살림Biz

'그 날'이 왔다

꽤 오래 전부터 나는 무언가 바뀌었다는 것을 감지하고 있었다. 내 직업은 교육 강사다. 매일매일 여러 기업과 대학교 등등의 강연장에서 수많은 직장인과 영업자, 부모들을 만난다. 나는 이제껏 그분들께 내가 삶에서 몸으로 겪으며 깨달은 인생의 무기들을 전해왔다. 간절함이 어떤 기적을 만들어내는지, 성공하기 위해서는 어떤 마음가짐을 가져야 하는지도 전했다. 성공에 다다르기 위한 마음가짐과 그 경지에 이르기 위한 변화에 대해 이야기했다.

성공에 대한 간절함으로 가득 찬 청중들은 내 한 마디 한 마디에 귀를 기울였다. 수첩에 깨알 같이 메모를 하는 분도 있었고, 연신 고개를 주억이며 감탄을 터뜨리는 분도 있었다. 심지어 어떤 분은 지나온 삶에 대한 후회로 울음을 터뜨리기도 했다. 그렇게 내 강의는 사람들과 교감했다. 그런데 언제부턴가 사정이 달라졌다.

외적으로 달라진 건 없었다. 여전히 내 강의는 인기 있었고 사람들은 내가 하는 말들에 웃음을 터뜨리며 공감했다. 그러나 나는 30년 간 강의해온 베테랑 강사다. 미묘한 질적 차이를 느낄 수 있는 프로라는 얘기다. 아주 미묘하지만, 사람들은 분명 바뀌었다. 그 미세한 변화가 내 마음 한 구석에 조금씩 조금씩 쌓여 조개 속 진주처럼 커져갔다. 그러던 어느 날 갑작스레 '그 날'이 왔다.

쓰러졌다. 깨달음이 왔다

3년 전이었다. 스포츠센터에서 운동을 마치고 휴게실로 걸어

갈 때였다. 갑자기 눈앞이 침침해졌다. 배가 아팠다. 좌변기에 앉자 속이 울렁거리며 앞이 캄캄해졌다. 얼마나 지났을까. 눈을 떠 보니 화장실 바닥이었다. 내가 왜 여기 이러고 있지? 그러다 곧 깨달았다. 기절한 거였다. 엉금엉금 기다시피 화장실을 빠져나와 휴게실 바닥에 누웠다. 이러다 죽을 수도 있겠구나. 해야 할 일들이 아직 너무 많은데……. 아쉬움이 밀려왔다.

간신히 119를 불렀다. 종합병원 응급실로 실려 갔다. 집에는 알리지 않았다. 가족들이 나를 걱정하는 것이 두려웠다. 대신 회사 직원들이 함께했다. 10시간의 검사, 응급처치……. 그리고 집에 돌아왔다. 침대에 누웠다.

그러자 서른두 살 된 큰딸과 이제 막 대학을 졸업한 스물여덟 살 아들의 앞날이 가장 걱정이 됐다. 그 아이들은 나 없이 홀로 설 수 있을까? 지금 만약 내가 죽는다면 그 아이들에게 무엇을 들려줘야 할까.

침대에서 일어나 책상에 앉았다. 캄캄한 방에 책상 위 스탠드만 켜놓고 생각에 잠겼다. 바로 그때, 나는 내 마음속에서 진주처럼 키워온 생각과 정면으로 마주할 수 있게 됐다. 오랜 시간 품었던 화두 하나가 덩그러니 드러났다. '성장'이라는 단어.

그때까지의 나는 '성공'을 품고 살았다. 그럴 수밖에 없었다. 내 세대의 대부분이 그렇게 살았다. 찢어지게 가난했고 가난을 벗어나기 위해서는 세상이 정해준 성공의 길로 내 몸과 시간과 인생을 욱여넣을 수밖에 없었다. 살아온 삶을 돌이켜봤다. 후회는 없었다. 그러나 지나온 삶처럼 앞으로의 삶을 살아가야겠다는 생각은 들지 않았다. 내 아이들에게 나처럼 살라고 말하고 싶지도 않았다. 내가 변해야 할 때라는 것이 분명해졌다.

내 몸은 오래전부터 내 삶의 방식이 바뀌어야 한다는 것을 알고 있었다. 내가 누구지? 왜 직장에서 그토록 열심히 일해야 하지? 왜 스포츠센터에서 비지땀을 흘리며 운동을 해야 하지? 시간을 쪼개서 책을 읽는 이유가 뭐지?

이런 질문에 대한 대답이 '성공하기 위해서'라는 대답에서 다른 무언가로 바뀌어가고 있었다. 내 강의를 듣던 사람들의 미묘한 변화도 거기에 있었을 것이다. 그들 역시 밤낮없이 열심히 일했고, 남들에게 뒤쳐질까봐 주식이다 부동산이다 여러 가지 재테크에 밤잠을 잊었지만, 어느 순간 '이건 아닌데' 하는 회의감에 부딪쳤던 거다.

맞다. 대중들은 온몸으로 안다. 경험상 그들은 현명하다. 자신이 듣고 있는 강의가 A급 강의인지 B급 강의인지 정확하게 말로 구별하지는 못하지만, 그들의 몸은 정확히 반응한다. 깨달음과 웃음이 적절하게 분배된 A급 강의를 들을 때 그들은 온몸으로 열기를 내뿜는다. 반면 준비가 철저하지 못해 맥이 끊기고 때늦은 유머와 진부한 깨달음을 던지는 B급 강의를 들을 때 그들은 반쯤 눈을 감고 부족한 수면을 보충한다. 현명한 거다. 그런 대중들이 묵언으로 말하고 있었다. '성공'은 이제 모두가 원하는 삶의 방향이 아니라는 것을.

1%의 영감 없이는 노력도 소용없다

"천재는 99퍼센트의 노력과 1퍼센트의 영감으로 이루어진다." 에디슨이 한 말이다. 그런데 이 문장은 기가 막히게 오해받은 문장이다. 에디슨이 이 말을 한 요지는 이런 거였다. '아무리 죽어라 노력해도 딱 1퍼센트의 방향이 잘못되면 헛일이다.' 그런데 이 말을 듣던 기자가 그걸 정반대의 의도로 받아 적은 거다. 그 기자의 휴머니즘에 박수를 보내야 할까. 1퍼센트의 영감이 나머지 99퍼센트의 노력을 좌우한다는 사실은 너무 잔인하니까. 어쨌든 이제 에디슨의 저 말은 인생의 행로에 있어서 '벡터(방향성)'의 중요성을 강조하는 말로 재포지셔닝되어야 한다.

나는 이제 에디슨이 한 말의 원래 의미가 맞는 시절이 왔다고 생각한다. 불과 10여 년 전만 해도 그렇지 않았다. 내가 살아온 지난날은 '방향성'에 대해 고민할 필요가 없었다. 아니 그런 고민은 사치였다.

국가 전체의 방향성은 이미 정해져 있었다. 지독한 가난에서 벗어나 잘살아보는 거였다. 그 방법은 '선진국 따라잡기'. 개인의 방향성도 정해져 있었다. 공부 잘해서 좋은 대학 가는 것. 사업가의 방향성도 정해져 있었다. 선진국의 좋은 제품을 베껴서 싸게 만드는 것. 그리고 그걸 전 세계 방방곡곡으로 돌아다니며 파는 것. 그러니 핵심은 '죽을 각오로', '열심히', '밤에 불을 밝히고', '뼈가 부스러지도록', '이를 악물고', '4시간 자면 뒤쳐지니 3시간 자면서', '발바닥에 땀나도록' 하는 거였다.

우리 선배 세대와 우리 세대는 그렇게 살아왔다. 수치스럽지 않다. 오히려 자랑스럽다. 그러나 인정할 것은 인정하자. 그러면서 우리 세대는 인생에서의 '수단'을 '목표'와 혼동하게 됐다. 왜 사냐는 질문에 서슴없이 '성공하기 위해서'라고 답했다.

그런데 그 시대가 저물고 있다. 국가 전체의 방향성도 더는 선진국 따라잡기일 수 없다. 따라잡을 선진국이 없다. 우리가 세계 11위의 선진국이 되었기 때문이다. 기업도 따라할 선도 기업이 없다. 우리의 삼성, 현대가 세계 1등 기업이기 때문이다. 높아진 국민 소득과 그에 따라 함께 높아진 안목 덕분에 사람들의 관심사가 하나로 모이기도 힘들어졌다. 성공의 방식도 달라졌고, 인생을 살아가는 경로도 제각각이 되었다. 아무리 잘 만들어진 제품도 고객의 마음을 훔치지 못하면 쓰레기로 버려지는 시대가 되었다. 에디슨의 말처럼 '방향성'이 정말 중요해진 시대가 도둑처럼 우리 앞에 성큼 다가온 거다.

사람은 정말 죽음의 순간이 되면 1초에 인생 전체를 돌아보게 된다고 했던가. 나는 기절해서 화장실 바닥에 누웠을 때 평생을 돌이켜 깨닫지 못했던 진리와 마주했다. 인생은 행군이 아니라 여행이라는 것. 그렇다. 여행이었다. 불행히도 나는 그걸 50대 중반에 들어서서야 깨달았다. 그것도 고꾸라져서 끙끙대다 응급실에 실려 가고 나서야 내 지난 삶을 돌아볼 수 있었고, 그때서야 배울 수 있었다. 인생은 행군이 아니라 여행이라는 말을 입으로만 100번 반복해봐야 소용없다. 마음으로 느껴야 비로소 내 것이 된다. 내 깨달음은 그렇게 왔다.

미련한 이는 꼭 이렇게 아주 극적인 계기가 있어야 변한다. 아무리 담배를 끊으라고 잔소리하며 쫓아다녀도 끊지 않던 사람도 의사가 건강 이상 진단만 내리면 확 바뀐다. 미련한 거다. 내가 그랬다. 내 수강생들에게 입버릇처럼 강조하는 자기계발의 원칙들을 지키느라 스스로 '번 아웃'되고 있었다. 스스로를 끊임없이 몰아세우는 미련함, 그 미련함의 끝은 허망함과 통한다. 내 아이들은 나처럼 미련하게 깨닫게 하고 싶지 않았다. 그래서 아이들에게 바로 편지를 썼다.

내 집에서 나가라!

"얘들아, 내 집이니 너희는 이제 그만 나가거라."

아이들 입장에서는 아빠가 갑자기 미친 것처럼 보였을 거다. 아이들은 집에서 비교적 말썽도 안 부리고 잘 살고 있었다. 집에 큰돈을 벌어다준 적도 없고 크게 기뻐할 일을 한 적도 없지만,

크게 맘고생시킨 적도 없고 크게 부끄러운 경력이나 학력을 가지고 있는 것도 아니었다. 그런 그들에게 아무 예고도 없이, 편지 한 장으로 내 집에서의 퇴거 명령을 내렸다.

사실 아무리 악덕한 집주인도 방 빼라고 할 때 예고는 한다. 근데 나는 쓰러졌다 병원에서 돌아온 뒤에 아이들에게 막 바로 나가라고 했다. 아이들은 내가 뇌진탕을 겪은 후 뇌 건강에 이상이 생긴 것은 아닌지 의심할 정도였다. 그러나 나는 아이들에게 내 지난 삶을 고해성사했다. 그러고 나서 아이들을 내보냈다. 아이들은 착했다. 순순히 나갔다. 나중에 후회하실 거라는 충고와 들어오라고 해도 들어오지 않을 것이라는 협박성 고지를 착실하게 하고 떠나갔다. 살을 에는 겨울바람을 막기 위해 쾅 소리 나게 현관문을 꼭꼭 닫는 것도 잊지 않았다. 그렇게 아이들은 내 집을 나갔다.

나는 그 아이들에게 자기 힘으로 인생을 살게 하고 싶었다. 스스로의 힘으로 세상과 마주할 때 인생은 여행이 되기 때문이다. 누군가에게 기대면 그 누군가에게 삶을 맞추게 된다. 부모에게 기대면 부모에게 제 인생을 맞춘다. 회사에 기대면 회사의 기준에 제 삶을 맞추게 된다. 누군가의 요구와 요청에 따라 길을 간다면 그건 행군이다. 인생 자체가 고통스런 행군이 되는 거다. 그러나 저 혼자 우뚝 서면 자신의 생각과 기준에 따라 살게 된다. 스스로의 삶을 통제하게 된다. 그때야 비로소 삶이라는 진정한 여행이 시작되는 거다.

나는 내 아이들이 인생을 행복한 여행으로 바꾸는 리얼한 스펙을 쌓게 하고 싶었다. 토익 점수, 공모전 입상, 인턴 경험, 대학과 학과, 직장 이름이 전부가 아닌 정말, 리얼한 스펙들을 말이다. 그 스펙들은 아버지의 경제력과 엄마의 사랑이라는 울타리를 떠날 때 얻어지는 전리품이다. 무언가를 추구하며 부딪치는 여러 한계점들을 돌파할 때, 그 고통 속에서 강력한 무언가가 내 몸에 남는다. 그 리얼한 스펙들을 쌓다 보면 내 삶이 정말 내 삶이 되고, 누군가가 정해준 저기 보이는 과녁을 향해 미친 듯 돌진하는 것이 아니라 주변 풍광과 맑은 공기, 둥실 떠가는 구름까지 느끼며 한바탕 멋진 여행을 하는 듯한 충실감을 느낄 수 있다.

떠나는 아이들의 뒷모습을 보며 나는 조용히 속삭였다.

"이제 너희는 인생이 행군이 아니라 여행이라는 것을 곧 깨닫게 될 거다."

내 아이들에게 들려주고 싶은 생각들을 정리한 것이 이 책이다. 이 마음이 아이들에게 닿기를 기도하며 이야기를 시작한다. 열린 마음으로 읽어주시길 당부드린다. 여러분의 인생도 고달픈 행군이 아니라 즐거운 여행이 되길 바란다.

차 례

제2부 세상과의 한판 승부를 위한 진짜 무기, 리얼 스펙

제3부 나의 길을 가리키는 북극성, 벡터

제4부 폭풍 성장을 위한 액션 플랜

제1부

폭풍 성장의 비밀,
CG = R × V

폭풍 성장에는 공식이 있다

'강남 스타일'이 어느 날 유튜브에 올랐고 그 노래와 뮤직비디오는 인터넷과 모바일을 통해 전 세계에 퍼져나갔다. 전 세계 수억 명이 싸이의 뮤직비디오를 봤고 그의 팬이 되었다. 얼핏 보면 자고 일어나니 벼락 스타가 되어 있는 모양새다. 단 한 편의 뮤직비디오로 세계적인 스타가 된 싸이를 보며 자신에게도 그런 행운이 닥치길 기대하는 젊은 친구들도 꽤 되는 듯했다.

그래서 그들은 싸이와 같은 벼락 스타를 꿈꾸며 급조된 노래, 싸이처럼 B급 냄새를 풍기는 화면을 조합해 유튜브에 올렸다. 여기 저기 오디션에 지원했고 기획사의 문을 두드렸다. 하지만 나는 그러기 전에 싸이의 지난 과거를 더 자세히 살펴봐야 한다고 생각한다. 그의 콘서트 풍경을 보면 그가 뮤직비디오 한 편으로 반짝 떠오른 것이 아니라는 걸 단박에 알 수 있기 때문이다. 싸이는 하버드 대학에서 강연을 하며 이런 말을 했다.

"나는 내가 최고라고 말할 수는 없지만, 지난 13년간 최선을 다해왔다고는 말할 수 있습니다."

군 문제 때문에 5년여를 의무 대체 및 군 복무를 해야 했고, 대마초 문제로 방송정지를 당하기도 했다. 보통 사람 같으면 전성기의 10여 년을 방송정지 및 군 생활로 흘려보내면 그것으로 대개 끝난다. 잊힌 가수가 된다. 그러나 싸이는 끈질기게 노력했다. 다시 날아오르려 혼신의 힘을 다했다. 콘서트마다 관객이 군인이든 누구든 최선을 다해 미치도록 즐겁게 하려 애썼다. 그러는 사이에 싸이에게 보이지 않는 무언가가 조금씩 쌓여갔다.

예전의 싸이나 지금의 싸이나 겉으로 보기에 크게 달라진 건 없지만 무언가는 끊임없이 쌓여갔다. 그리고 세상 사람들의 취향도 조금씩 바뀌어갔다. 잘생긴 것, 잘하는 것보다는 독특한 것, 새로운 것, 남다른 것을 찾는 시대적인 흐름이 마침내 싸이를 찾아냈다. 싸이에게 쌓인 그 무언가와 새롭게 바뀐 시대적 취향이 정확하게 정향되었을 때 전 세계를 뒤흔드는 엄청난 '포텐셜(potential)'이 터져 나왔다. 그게 '강남 스타일'이다.

방향이 맞아야 노력도 빛난다

'왜 나는 정말 열심히 노력하고 있는데 이 모양일까?' 하는 생각이 든다면 우리는 두 가지를 점검해봐야 한다. 첫 번째는 '정말, 진짜, 열심히 노력했는가?'를 스스로에게 물어보는 거다. 살을 빼기 위해 헬스클럽에 처음 가본 사람은 안다. 퍼스널 트레이너, 군대 용어로는 교관인 그가 옆에서 내가 머릿속으로 만들어 놓은 한계치를 뛰어넘게 몰아세워야 운동이 된다는 것을 말이다. 그렇지 않으면 대부분 겨우 아령 몇 번 들고 트레드밀 위에서 한두 시간 정도 텔레비전 보며 걷는 것으로 운동 많이 했다고 자위하는 데 그친다.

내가 생각하기에 '나는 열심히 최선을 다했다'고 말하는 것처럼 못 믿을 말은 없다. 정말 노력했다면 주변에서 인정해준다. 측은해하고 안타까워한다. 우리는 누군가가 정말 미칠 정도로 무언가를 열심히 했음에도 성과가 나지 않으면 너무 안타까운 나머지 다른 분야를 찾아보라고 진심으로 충고한다. 그 정도는 돼야 열심히 노력했다 할 수 있지 않을까. 스스로를 가리켜 '피투성이의 노력을 기울였다'고 말할 정도로 매진해야 최선을 다했다고 말할 수 있다. 그리고 그건 다시 말하지만 주변 사람이 말해준다. 그만하면 됐다고 말이다.

그렇게 '미친' 노력을 기울였음에도 원하는 소기의 성취를 거두지 못했다면 다음은 노력의 방향이 제대로 맞았는지를 따져봐야 한다. 〈슈퍼스타K〉 같은 오디션 프로그램을 보다 보면 정말 누가 들어도 음치인데 절실하게 가수가 되고자 하는 사람이 있다. 그건 불행이다. 심사위원도 말린다.

그런데 대부분의 사람들이, 누가 들어도 노래를 못하는 사람이 가수를 하겠다고 하면 말도 안 된다고 생각하면서도 공부와는 정말 적성이 맞지 않는 아이가 명문대를 나와 교수가 되겠다고 하면 머리를 쓰다듬고 기특해한다.

틀렸다. 내가 생겨먹은 것과 너무나 다른 방향성을 선택했을 때, 답답한 일이 벌어진다. 그건 마치 자동차 기어를 중립에 둔 채 엑셀을 밟아대는 것처럼 보람 없는 일이다. 에디슨이 말한

'1퍼센트의 영감'은 바로 이 방향성을 두고 한 말이다.

폭풍 성장을 부르는 R×V

CG=R×V. 이 공식을 기억해두자. 여기서 CG는 '폭풍 성장 (crazy growth)'이고, R은 진정한 스펙, 즉 '리얼 스펙(Real spec)'이다. V는 '방향성(vector)'이다. 이 책을 관통하는 핵심을 한마디로 정리하면 바로 이 공식이다. 폭풍 성장은 진정한 스펙이 갖춰진 상태에서 제대로 된 방향성을 만났을 때 이뤄진다는 거다.

싸이가 13년간 무대에 무대를 거듭하면서 그에게 조금씩 쌓여 갔던 것이 바로 리얼 스펙이다. 그리고 세계인들이 '디퍼런트한 무엇'을 찾는 그 시점에서 싸이의 방향성은 세계인의 관심과 정렬됐다. 그랬을 때 수억 세계인이 열광하는 전 세계적인 가수로 미친 듯 성장하게 된 거다.

가만 보면 동서고금을 통틀어 가장 밑바닥에서부터 차근차근 단계를 밟아 최정상까지 오르는 경우는 많지 않다. 말콤 글래드 웰이 말한 '티핑 포인트'처럼 어느 순간 급속하게 정상을 향해 차

오르는 경우가 대부분이다. 바로 이 공식 때문에 그렇다.

아주 간단한 예를 들어보자. 중국 무협영화를 보면 자주 등장하는 장면이 있다. 무림의 절정고수인 사부가 제자 중에서 가장 우둔해 보이는 녀석을 제자로 삼고 실컷 부려먹는 장면 말이다. (처음 들어본다면 어르신들께 물어보라. 아주 자세히, 재미있게, 사례를 들어가며 이야기해주실 거다.) 그런 영화에서 사부는 늘 제자에게 이유도 설명하지 않은 채 수 킬로미터 떨어진 곳까지 가서 물을 길어 오라고 시킨다. 빨래를 시키되 물기가 한 방울도 나오지 않을 때까지 비틀어 짜라고 시어머니처럼 다그치기도 한다. 매일 같이 산더미 같은 장작을 패라고 하며 피도 눈물도 없이 괴롭힌다.

이쯤 되면 아무리 성실하고 착한 제자라도 도저히 참을 수 없다. 3년간 물 긷고 빨래하고 장작 패며 시간을 다 날려버린 것 같다. 그 사이 '부모를 죽인 원수(무협 영화의 갈등 원인은 늘 이렇게 진부하긴 하다)'는 강호를 주름잡으며 온갖 악행을 저지르고 잘 먹고 잘 살고 있는데 말이다. 도저히 참을 수 없을 때 주인공은 스승을 찾아가 하소연한다. 왜 내게는 무공을 가르쳐주지 않는가. 스승은 제자의 '머리통을 내리치며'(말로 할 수도 있는데 왜 꼭 이렇게 때리는지 모르겠다) 말한다. 무슨 소리냐, 너는 지금까지 줄곧 수련

하고 있었느니라.

그러고는 말한다. 따라오너라. 이제 기본기를 다 닦았으니 공격과 방어 연습을 해보도록 하자. 스승의 안내를 받아 여러 훈련 기구가 있는 도장에 서서 무공 연습을 시작하는 순간, 제자는 깨닫는다. 아, 물 길으러 오르락내리락 하던 그 길고 긴 계단은 내 다리를 강철 같이 단련시키기 위함이었구나! 또 느낀다. 빨래를 물기 한 방울 없이 비틀어 짜면서 내 팔뚝은 어마어마하게 딴딴해졌구나! 장작을 패며 단련된 어깨는 단 한 번의 펀치로 상대방을 누일 정도로 강한 힘을 갖게 되었구나! 이어서 경쾌한 음악과 함께 절세 무공을 단련하는 주인공의 모습이 연속적으로 나타난다. 그렇게 훈련한 주인공은 강호의 최고 고수를 꺾을 만큼 미친 듯이 성장하게 된다.

이런 이야기에서 주인공이 본격적으로 때리고 피하는 동작을 연습하는 기간은 불과 몇 개월 안 된다. 오랜 기간 기본기를 닦았기 때문에 사부가 가르쳐주는 기술을 아주 빠르게 몸에 익힌다. 반면 그런 동작을 위한 힘을 기르는 기간은 짧으면 3년, 길면 10년이다. 그처럼 오래 걸린다. 그 바탕이 되는 능력이 바로 내가 말하는 '리얼 스펙'이다.

진짜 나의 트랙에 올라섰는가

정작 리얼 스펙을 쌓고 있는 동안에는, 그 '리얼 스펙'이, 단단한 다릿심과 팔심, 어깨 힘 등등이 물을 긷거나 빨래를 짜거나 장작을 패는 데 쓰일 때는 그토록 대단한 것인 줄 모른다. 때로는 그렇게 무모할 정도로 성실하고, 착한 것이 미련한 것처럼 느껴진다. 아직 방향성이 제대로 정향되어 있지 않은 경우, 대다수가 그렇게 느낀다. 그래서 자학하기 쉽고 포기하기 쉽다. 하지만 리얼 스펙 공식이 곱하기로 연결되어 있는 것에 주목하자. 방향성이 맞지 않아 '0'이 되는 상황에서는 아무리 리얼 스펙이 다져져도 성장은 제로다.

그러나 그 순간에도 리얼 스펙의 크기는 커지고 있다. 마치 클러치가 연결되어 있지 않은 상태의 경주용 자동차처럼 부릉부릉 출발 신호를 기다리고 있는 거다. 그러다 제대로 된 방향, 그러니까 절세의 무공을 배우는 것과 같은 '방향성'과 그동안 쌓아두었던 '리얼 스펙'이 딱 하고 만나는 순간 폭발적인 위력을 발휘한다. 엄청난 마력을 가진 엔진에 클러치가 연결되는 순간 무시무시한 속도로 질주하게 되는 것처럼. 바로 그 무시무시한 질주를 우리는 'crazy growth' 즉 '폭풍 성장'이라고 하는 거다.

어느 날 경력도 얼마 안 되는 신예가 당신 주위에서 놀랍도록 빠르고 폭풍 같이 성장한다면, 잠시 반짝하는 거라며 애써 무시하지 말고 이걸 기억해라. 그 신예는 분명 어딘가에서 리얼 스펙을 쌓고 쌓고 또 쌓은 것이다. 경주용 자동차의 엔진을 지닌 채 자신이 달릴 트랙을 찾아 숱하게 방황했을 것이고, 그리고 마침내 자신이 달려야 할 트랙에 올라선 것이라고 말이다.

이력서용 스펙은 잉여일 뿐이다

CJ 마케팅 총괄을 맡으셨던 분께 들은 이야기다.

"도대체 누가 면접을 그렇게 봐야 한다고 가르쳤는지 모르겠어요. 너무 어이가 없어서 면접 보러 온 구직자 중 한 명에게 물어봤다니까요? 모두 똑같아요. 다른 응시자가 이야기할 때는 상체를 15도쯤 내밀고 말하는 사람을 향해 고개를 돌린 채 미소를 짓는다, 그렇게 가르친 것 같아요. 면접관의 질문에 대해 답하는 멘트는 또 어쩜 그리 똑같은지. 말도 안 돼요. 누가 알려줬으면 좋겠어요. 우리는 면접 볼 때 그런 거 절대 안 본다고요."

한마디로 말하면 그동안 어떤 실력을 쌓아왔는지가 중요하다는 말이었다. 자신을 어떻게 포장했는지는 절대 보지 않는다는 거다. 하지만 대학생들은 겨울방학을 맞이하면 '스펙 5종 세트'라 불리는 인턴, 봉사활동, 수상 경력, 자격증, 영어 점수를 갖추기 위해 별별 짓을 다한다. 친구들과 '공모전 스터디'를 꾸리고 일주 일에 몇 번씩 영어 학원에 나가 토익과 텝스, 오픽 등등의 점수 를 올리려고 한다. 해외연수도 불사한다. 한자 자격증, 굴착기 자격증, 한국사인증시험 등등 취업을 노리는 학생은 누구라고 할 것 없이 10여 개의 자격증을 따려 한다.

그에 대한 기업 인사담당자들의 반응은 한결같다. 스펙 쌓기 는 취직에 도움이 안 된다는 것이다. 인사담당자들의 83퍼센트 는 입사지원자들이 이력서에 한 줄 올라가는 것밖에 안 되는, 다 른 데는 아무짝에도 쓸데없는 '잉여 스펙'을 쌓는 데 시간을 낭비 하고 있다고 답했다. 취업 포털 커리어가 조사한 바에 따르면 인 사담당자들은 한자 능력, 석·박사 학위, 동아리 활동, 제2 외국 어, 학벌, 어학연수/해외 생활 경험 순으로 잉여 스펙을 꼽았다 고 한다. 인사담당자 세 명 중 두 명은 '잉여 스펙이 채용에 도움 이 되지 않는다'고 했고 절반은 '직무와 특별히 관계가 없다면 잉 여 스펙은 필요 없다'고 답했다. 오히려 '단순히 이력서 채우기에

급급해 보인다'는 부정적인 의견을 덧붙였다.

그럼 도대체 이렇게 취직하기 어려운 취업 대란 시절에 무엇을 준비하란 말일까. 나 역시 많은 학생들과 만나며 그들의 애타고 막연한 마음을 충분히 공감할 수 있었다. 모든 취업준비생이 명문대생일 수는 없다. 그러니 학벌 중심의 사회에서 그 부족한 부분을 스펙으로라도 채우려고 하는 건 어쩌면 당연한 일이다. 그러나 세상은 조금씩 바뀌고 있다. 이제 기업들도 글로벌 경쟁의 틈바구니에서 진짜 인재, 즉 업무를 중심으로 회사를 살찌울 수 있는 인재를 찾지 않으면 언제 추락할지 모르는 상황으로 기업 환경이 바뀌었기 때문이다.

그런 차원에서 실제 인사담당자들이 꼭 필요하다고 꼽는 자질은 따로 있다. 한화케미칼 정○○ 인력운영팀장은 '열정'과 '문제 해결 능력'을 꼽았다.

"회사에서 신입사원에게 요구하는 덕목은 일에 대한 열정이나 빠른 문제 해결 능력이다. 직장 상사로부터 지시를 받았을 때 그 의도를 빠르게 파악, 대응하는 사원이 필요하다."

기업은행 하○○ 인사과장은 대인 관계 능력과 경제학적 지식을 들면서 뼈 있는 한마디를 덧붙였다.

"웃음치료사 같은 이색 자격증 취득에 힘쓰기보다는 경제학 원론 교과서를 한 번이라도 더 읽는 게 바람직하지 않을까요?"

차라리 스킬을 버려라

신입사원을 뽑는 인사담당자들이 필요 없다고 하는 '잉여 스 펙'. 여기에 시간과 돈을 투자하기 전에 곰곰 생각해보자. 예전 내가 사회생활을 시작할 무렵에는 대기업의 경우, 일단 고용되 면 평생을 일할 수 있었다. 그래서 내가 다니는 직장의 문화와 질서에 절대적으로 복종하고, 시키는 대로 열심히 일하면 정년 때까지 그럭저럭 살아갈 수 있었다. 그러다 보니 '입사'가 가장 중요했다. 그렇지만 요즘은 달라졌다.

특정한 직종을 제외하고는 평생직장이라는 개념은 사라졌다. 대신 계급장 떼고 회사 간판 떼고 맨 몸으로 세상에 내던져져도 살아남을 수 있는 실력을 갖춰야 하는 시절이 됐다. 이런 시절은 이제 되돌릴 수 없다. 그래서 아직 남아 있는 평생직장들이 인기 다. 교사, 공무원, 교수, ○○공사 직원 등등.

여기서 잠깐, 우리 함께 두 가지를 생각해보자. 아직 남아 있는 평생직장에 들어갈 수 있는 사람은 취업희망자 중 몇 퍼센트나 될까? 그 평생직장들이 과연 내가 정년퇴직할 때까지 평생직장으로 남아있을 수 있을까? 대답은 둘 다 '아니오'일 가능성이 크다. 그렇다면 이제는 입사를 위한 보여주기식 '잉여 스펙'을 쌓는 것은 정말 시간 낭비가 된다. 대신 '다른 스펙'이 필요하다.

그렇다면 다른 스펙이란 무얼까? 발레리나를 꿈꾸다가 옥스퍼드 대학에서 문학 박사 학위를 받고 하버드 대학 교수로 임용되어 아시아 여성 최초로 하버드 법대 종신교수가 된 석지영 교수의 이야기에 작은 실마리가 있다. 석지영 교수는 그녀의 성공비결을 궁금해하는 부모들에게 해주고 싶은 말이 있냐고 묻자 이렇게 답했다.

"어느 사회에서나 통용될 수 있는 공통의 주제, 기본적인 태도에 대해 말하고 싶었다. 예를 들어 음악, 무용, 위대한 문학 작품을 감상하고 즐길 수 있는 예술적 감수성을 성장기에 꼭 기르라고 말해주고 싶다. 예술을 이해하고 즐기는 과정을 통해 내면에 잠재된 열정을 발견하고 자신이 진실로 원하는 삶을 찾을 수 있기 때문이다."

힌트를 얻을 수 있지 않을까. '예술적 감수성'과 그것에 대한 '열정'을 가진 사람과 단순히 그림 그리는 '스킬', 노래 부르는 '스킬'만을 훈련한 사람의 차이. 이 차이는 바로 세계적인 화가와 남의 그림을 모작하는 삼류 화가의 차이다. 석지영 교수가 발레리나를 꿈꾸며 오로지 발레 '스킬'만을 익혔다면 발목 부상과 집안의 반대로 발레리나의 길이 좌절되었을 때 그녀의 인생도 끝났을 거다. 또 옥스퍼드 대학에서 문학 작품을 분석하는 '스킬'만을 익혔다면 하버드 법대 종신교수로 남을 수는 없었을 거다.

'스킬'만 잔뜩 가진 사람은 그 분야를 떠나서 다른 분야로 전환하기 어렵다. 그러나 눈에 보이지 않는 '예술적 감수성'은 여러 분야를 넘나들게 한다. 가수 조영남이 음악에서 미술로, 미술에서 글쓰기로 넘나들 수 있는 이유다. 석지영 교수나 가수 조영남이 분야를 넘나드는 활약에 대해 '천재니까'로 치부해버리면 곤란하다.

석지영 교수는 이런 넘나듦이 미국에서는 자연스러운 일이라고 말한다.

"미국에서는 자신을 재창조하는 것이 하나의 문화로 자리 잡았다. 평생 한 가지 직업만 가지고 사는 게 오히려 이상하다. 하나의 커리어를 가지고 있다가 새로운 공부를 해서 새로운 커리어를 갖는 것, 자신의 삶을 변화시키는 것이 '굉장히 힘든 일'은 아니다."

한국에서는 무척 어려운 '넘나듦'이 왜 미국에서는 자연스러운 일일 수 있을까. 미국에서는 '리얼 스펙'을 쌓는 것을 우선하는 반면, 한국에서는 '잉여 스펙'을 중요시하기 때문이다. '잉여 스펙'은 보여주기 문화의 결과다. 정말 영어를 잘하고 의사소통이 자유자재로 되는 사람은 토익 점수를 내세우지 않는다. 그냥 외국인과 대화를 나누고 영어권 미디어를 다루며 '활용'한다. 하지만 '잉여 스펙'만 가진 사람은 900점대의 토익 점수를 내세울 수 있지만 영어를 활용하는 것을 두려워한다. 그래서 입사원서에 토익 점수 칸을 채운 뒤에는 아무 곳에도 쓸 수 없는 '잉여 스펙'이 되는 것이다.

분명하게 말할 수 있는 건 앞으로는 '잉여 스펙'만으로 무장한 사람들이 설 자리는 점점 줄어들 거라는 점이다. 명문대 졸업이라는 학벌, 토익 900점 이상이라는 점수, 외국에 나가서 이런 저런 경험을 쌓았다는 흥밋거리보다는 '리얼 스펙'이라는 엔진을 장착한 이들이 인정받는 시절이 바로 눈앞에 와 있다.

내 몸에 남는 훈장,
리얼 스펙

1998년 10월 13일.

"감독님, 저 야구 그만두겠습니다."

침묵이 흘렀다. 그리고 그 말을 듣고 있던 감독이 고개를 끄덕였다.

국내 최고·최대의 로펌으로 손꼽히는 김앤장 법률사무소의 변호사 이종훈, 그의 인생이 바뀌는 순간이었다. 이날 그는 7년간 인생의 목표였던 야구를 내려놓았다. 고등학교 2학년 때였다.

야구 선수 이종훈은 아주 악착같은 연습벌레였다. 매일 버스가 끊기기 직전까지 스윙 연습을 하며 노력에 노력을 기울였다.

문제는 그가 10시간 동안 연습해서 간신히 해내는 걸 다른 선수들은 2~3시간 만에 아무렇지도 않게 해낸다는 거였다. 노력과 실력이 정비례하지 않았다. 노력해도 '주전 선수'는 될 수 없었다. '주전자 선수'로만 남았다.

당연히 경기 출전 기회도 거의 없었다. 2학년 내내 공식 출전 기록은 대타로 나간 두 타석뿐이었다. 어느 날인가 혹시 대타로라도 나갈 수 있을까 잠시 몸을 풀다 관중석에 있던 어머니와 눈이 마주쳤다. 눈물이 솟구쳐 올랐다. 마주볼 수 없어 고개를 돌렸다. 안타깝게 키도 170센티미터에서 멈춰버렸다. 보약도 먹고 성장 클리닉도 다녀봤지만 백약이 무소용이었다. 노력하면 하늘도 돕는다고 했는데 야구 선수 이종훈에게는 해당되지 않는 말이었다. 결정만이 남았다.

고민 끝에 그는 야구를 접기로 했다. 그러나 고등학교 2학년 때 야구를 포기한 야구 선수가 할 수 있는 게 뭐였을까. 인생포기? 낙담? 2학년 성적은 52명 중 51등. 그가 제낀 유일한 한 명은 같은 야구팀 선수였다. 전교생 755명 중 750등. '아이 러브 유'가 널 사랑한다는 뜻인 줄은 알았지만 '아이 러브 유'를 'I love you'라고 쓸 줄은 몰랐다. '대디'가 아빠인 줄은 알았지만 'daddy'

를 '대디'라고 읽는 줄은 몰랐다. 기초부터 다시 파야 하는 지난한 길이 놓여 있었다. 이종훈은 그 지난한 길을 걷기로 마음먹었다. 달리 갈 길이 보이지 않았다. 철들며 오직 야구만 했는데 야구는 그에게 아무것도 주지 않았다. 고통만 남긴 것 같았다.

그러나 꼭 그런 것만은 아니었다. 그에게는 야구가 키워준 승부 근성이 있었다. '일단 해보자.' 동네 서점에 가서 참고서를 샀다. 사회와 국사는 들입다 외웠고 수학과 영어는 중학교 1학년 교재를 펴 놓고 단어장을 만들며 다시 시작했다. 또 야구는 그에게 강력한 체력을 선물했다. 하루 4시간만 자면서 책과 씨름했다. 야구는 또한 근면도 선물했다. 3개월 만에 중학교 1학년 과정을 끝내고 2학년 과정으로 넘어갔다. 야구가 선물한 체력과 근면을 바탕으로 이종훈은 공부에 '올인'했다. 야구를 그만두고 맞은 첫 번째 시험, 2학년 2학기 기말고사였다. 반에서 27등을 했다. '근면도 재능이다'라는 황지우 교수의 조언이 뮤지컬 〈김종욱 찾기〉의 장유정 감독을 만든 것처럼, 야구는 그에게 승부 근성과 근면, 체력이라는 재능을 선물한 것이다.

첫 경험이었다. 노력한 만큼 되는구나. 자신감이 붙었다. 거칠게 없었다. 고등학교 3학년 1학기 중간고사는 반에서 14등, 기말고사는 11등이었다. 공부에 재미가 안 붙을 수 없었다. 하면 되는데 어찌 안 하겠나. 그토록 노력했지만 야구는 '노력한 만큼' 되돌려주지 않았다. 그러니 노력한 만큼 되는 그 경험은 놀라운 거였다.

그에게 대학 진학이라는 꿈이 생겼다. 그런데 1학년과 2학년에서 까먹은 내신 점수가 발목을 잡았다. 3학년 2학기 때 자퇴하고 검정고시를 택했다. 내신이 반영되지 않기 때문이었다. 대학수학능력시험을 치렀다. 400점 만점에 363점, 1년여 공부로 일궈낸 점수였다. 꼴찌가 만든 기적이었다. 인하대 법대에 입학했고 내친 김에 사법시험을 다시 목표로 삼았다.

하면 되니까 공부가 재미있었다. 중간에 슬럼프도 있었지만 '나태함, 그 순간은 달콤하나 그 결과는 비참하다'라는 문구를 친구의 휴대폰에서 보고 그 길로 마음을 다잡았다. 그리고 2009년 마침내 사법시험에 합격했다. 더 달렸다. 연수원 1년을 마쳤을 때 김앤장 법률사무소에 지원해 합격 통지서를 받았다. 10여 년 전, 7년을 바친 야구를 눈물로 포기하고 나오던 이종훈 선수가 이종훈 변호사로 화려하게 날아오르는 순간이었다.

그는 7년간 야구를 했다. 그 기간 동안 공을 던지고 잡고 때리는 야구의 스킬만 배운 것이 아니다. 하루 온종일 공을 쫓는 '집 중력'과 하루 10시간 훈련도 견뎌낼 수 있는 강인한 '체력', 지고 싶지 않다는 '승부욕'과 안 되면 될 때까지 해보는 '인내심'도 함께 훈련했다. 그리고 야구에서 공부로 전환하는 과정에서 '바닥부터 다시 시작하는 경험'까지 쌓았다.

그가 쌓은 '스킬'은 그를 배신했다. 7년간 익힌 스킬은 야구를 그만두는 순간 사라졌다. 그러나 야구에 대한 이종훈 변호사의 마음은 진심이었고 거기에 열정을 다했다. 그렇기 때문에 자신도 모르는 사이에 그 기간 동안 '리얼 스펙'이 쌓여 있었다.

제대로 된 방향을 찾기 전까지는 '리얼 스펙'이 쌓인 사람과 그렇지 않은 사람의 차이는 별로 보이지 않는다. 초등학교 때부터 오로지 야구만 해온 남자가 고등학교 2학년 때 야구를 그만뒀다고 하면, 겉으로 보기에 인생의 패배자이자 무능력자로 보인다. 하지만 그가 제대로 된 방향을 찾자 지난 7년의 세월을 소중한 '재산'으로 돌려받았다. 인내라는 재산, 체력이라는 재산, 근성이라는 재산, 승부욕이라는 재산으로.

세상에 아무 쓸모없는 노력은 없다는 말은 바로 이런 경우를 두고 하는 말이다. 온 마음을 모아 전심전력을 기울이는 동안 '리얼 스펙'은 소리 없이 쌓인다. 그리고 그렇게 쌓인 공력은 기적 같은 결과를 만들어 낸다. 에디슨이 말한 1퍼센트의 영감을 찾기만 하면 헛되이 소모된 듯한 99퍼센트의 노력을 언제고 다시 살려낼 수 있다. '잉여 스펙'은 사라지지만 '리얼 스펙'은 몸에 훈장처럼 남는다. 그게 '리얼 스펙'의 위력이다.

제2부

세상과의 한판 승부를 위한
진짜 무기,

리얼 스펙

이깟 걸로 무너지지 않는다, 마음 근육

운동 경기 중에 선수가 극도로 흥분하거나 긴장하면 멍해지는 현상이 온다. 전문 용어로 '초크(choke)'라고 하는데 요즘 많이 쓰는 말로 하면 '멘붕(멘탈 붕괴)'이다. 초크에 빠지면 감독이 부르는 소리는 물론이고 외부 정보를 거의 받아들이지 못한다고 한다. 런던 올림픽 때 미국의 매슈 에먼스가 여기에 빠져서 금메달을 날려 보냈다. 그 덕에 한국의 김종현 선수가 대신 금메달을 차지했다. 매슈 에먼스는 2008년 베이징 올림픽 때 7점만 쏴도 우승할 수 있었지만 4.4점을 쏘아 동메달도 따지 못하고 4위에 머물렀는데, 똑같은 일이 런던 올림픽에서도 일어난 것이다. 마지막

발에서 7.6점을 쏘아 10.4점을 쏜 김종현 선수에게 금메달을 내주고 은메달에 머물고 말았다.

멘붕은 안 좋은 일에만 오는 건 아니다. 너무 좋아서 흥분해도 멘붕이 온다. 1998년 프랑스 월드컵 멕시코 전에서 하석주 선수가 겪은 일이다. 대한민국 월드컵 역사상 처음으로 선제골을 넣은 하석주 선수는 그 흥분을 가라앉히지 못했고, 결국 무리한 백태클로 골 넣은 지 3분 만에 퇴장당하고 말았다. 결국 2대 1 역전패의 빌미를 제공하게 됐다.

비단 운동선수들만 멘붕을 겪는 건 아니다. 살다 보면 수많은 난관과 어려움을 겪게 되는 것이 우리네 인생이다. 사실 일이 잘 풀릴 때는 누구나 잘할 수 있다. 인생의 호시절을 만났을 때는 모든 것이 내 마음 먹은 대로 움직인다. 뭐든 다 잘할 수 있을 것 같다. 그러나 이 시기에 하석주 선수처럼 자신을 제어하지 못하면 곧바로 위기를 맞게 된다. 그러다 하나둘 위기가 닥치면 앞서 말한 매슈 에먼스 선수처럼 어이없이 무너져 내린다. 그러고는 다시 일어서지 못하는 사람들이 많다.

그래서 '마음 근육' 단련이 필요하다. 매일매일 건강을 위해 헬스클럽에서 근육을 단련하듯이 마음 근육 역시 평소에 단련해두지 않으면, '멘붕'이라는 위기가 닥쳤을 때 여지없이 무너지고 말기 때문이다. 젊을 때 고생을 사서 한다는 건, 바로 이 '마음 근육'을 단련한다는 말과 다름없다.

축구에서 강팀과 약팀의 차이는 쉽게 무너지느냐 그렇지 않느냐로 판가름 난다. 가령 맨체스터 유나이티드 FC는 선제골을 한두 골 먹어도 쉽게 무너지지 않는다. 팀 전체가 그 정도 실점은 얼마든지 극복할 수 있다고 믿는다. 축구팀 구성원 전체의 마음 근육이 단련되어 있는 거다. 그러나 퀸즈 파크 레인저스 FC 같은 팀은 1골만 먼저 잃어도 우르르 무너진다. 언젠가 박지성 선수가 언급한 '위닝 멘털리티(이길 수 있다는 자신감)'의 차이다.

우리네 삶에서도 마찬가지다. 고수는 무너지지 않는다. 그리고 '멘붕'에 빠지지도 않는다. 돌이킬 수 없는 일은 망각한다.

중국 후한 시대에 맹민이라는 사람이 있었다. 그가 어느 날 시루를 등에 지고 걷다가 잘못해 시루가 땅에 떨어져 산산조각 났다. 하지만 그는 뒤돌아보지 않고 계속 걸어갔다. 뒤따르던 사람이 그를 불러 물었다. "시루가 깨졌는데 어찌 한번 돌아보지도 않는가?" 맹민이 답했다. "이미 깨진 것 돌아본들 뭐하겠습니까." 훗날 맹민은 높은 벼슬을 하고 천하에 이름을 날렸다고 한다.

스티브 잡스 역시 마찬가지였다. 그는 생전에 한 컨퍼런스에서 이렇게 말했다. "뒤를 돌아보는 일은 여기서 중단하자. 중요한 건 내일이다. 뒤를 돌아보며 젠장 내가 해고당하지 않았다면 좋았을 것을, 내가 거기 있었어야 하는 건데, 그때 그 일을 했어야 하는 건데, 라고 말한들 무슨 소용인가. 어제 일어난 일들을 걱정하느니 차라리 내일을 발명해 나가자."

불안과 두려움은 세상을 살아가는 동안 언제나 찾아오는 초대받지 않은 손님이다. 그 밖에도 우리의 '멘붕'을 불러일으킬 수많은 일들이 있다. 그때마다 '멘붕'에 빠져 허우적거린다면 세상을 들었다 놨다 할 어떤 기량이 있어도 무소용이다. 당황하는 것으로도 모자라 자살과 같은 극단적인 선택을 하기도 한다. 평정심을 유지하는 마음의 근육을 평상시에 키워놓아야 한다. 고수는 잔잔한 호수의 표면 같은 마음을 유지하며 촌각의 시간에 자신의 모든 기량을 응축시켜 내놓는다. 그것으로 판을 뒤바꾸고 세상을 움직인다.

어지간해서는 무너지지 않는 마음의 근육, 내 목표를 이루고 삶을 행복하고 건실하게 살아가기 위한 필수 리얼 스펙이다.

나만의 특별함이 된다,
지속

우리가 스펙을 쌓는 이유는 뭘까. 솔직하게 말하면 남보다 뛰어나고 싶어서다. 특별해지고 싶어서라는 얘기다. 그런데 입사 시험을 앞두고 갑작스레 장착시키는 속칭 '스펙'이라는 것이 과연 당신을 특별하게 만들까? 대답은 우리 모두가 알고 있다. 'No.' 그냥 하는 거다. 불안하니까, 남들 다 하니까 하는 '헛된 노력'이다.

취업을 위해 우리가 하는 행동을 되짚어보자. 그냥 본인이 써보면 된다. 토익이나 텝스 시험으로 영어 실력의 뛰어남을 증명할 수 있는 몇몇 선택받은 사람들을 빼보자. 도대체 왜 영어 공부를 하는 건가? 어차피 그 점수로는 특별함을 증명할 수도 없다. 토익 점수 900점 이상이 흔하지 않을 때는 그 점수가 '스펙'이 된다. NGO 활동에 참여해 해외 봉사활동을 다녀온 경험이 흔하지 않을 때는 그 경험 자체가 남다른 '스펙'이 된다. 그러나 시쳇말로 '개나 소나' 다 하는 활동은 나 자신의 특별함을 증명하지 못한다. 예전에는 자동차가 별로 없었다. 그 시절에는 자동차 한 대 있으면 부잣집이었다. 하지만 지금 자동차 있다고 부자 소리를 듣지는 않는다.

스펙에도 수요-공급 곡선이 있다. 흔하면 값이 싸진다. 이 원리를 안다면 남들 다 하는 '스펙 쌓기'는 모래성 쌓기라는 것을 깨닫게 될 거다. 나는 그래서 '지속'을 권한다. 무슨 일이든 지속하라. 그것이 당신의 특별함이 된다. 이게 '지속'의 힘이다. 하루 날 잡아서 네다섯 시간 권투 연습하는 것은 그리 어렵지 않다. 그러나 겪어봐서 알지만 매일 한 시간씩 1년을 연습하는 것은 그리 쉽지 않다. 내가 말하는 것은 한두 달이 아니다. 물론 한 달, 두 달도 어렵긴 어렵다. 그러나 무슨 일을 할 때 10년, 20년 한결같이 할 결심을 하라. 그게 당신의 특별함을 만들어줄 거다.

한번 생각해보라. 어린 아이 때 남자 아이들은 태권도를 배우고 여자 아이들은 피아노를 배운다. 보통 6~7세 때 시작한다. 만약 이 아이들이 10년을 지속했다면 열여섯, 열일곱에는 어떤 일이 벌어질까? 문대성 같은 태권도 국가대표나 서혜경 같은 피아니스트는 아니라도 태권도 잘해서 발이 쫙쫙 올라가는 아이, 스티비 원더의 노래 정도는 피아노 반주하며 부를 줄 아는 아이는 되어 있을 거다.

지속이 만들어준 특별함이다. 이 지속이 얼마나 중요한 건지 아는가? 어릴 때 이리 저리 집적거린 학원이나 예능 과외들을 떠올려보라. 그중 하나만 지속했다면 성인이 된 당신은 매우 특별한 사람으로 대접받고 있을 거다.

난 부모들의 의무가 어느 것이든 어릴 적부터 무언가 '지속'할 만한 것을 하나쯤은 만들어주는 거라고 생각한다. 부모가 아이를 특별하게 만들어주고 싶다면 별별 희한한 상술에 아이들을 밀어 넣으면 안 된다. 오히려 하나라도 진득하게 지속할 수 있도록 배려해줘야 한다.

이런 건 어른이 된 당신에게도 똑같이 해당된다. 작심삼일로 그치는 독서, 그걸 10년간 꾸준히 하면 책을 한 권 쓸 수 있는 수준이 된다. 또 메모를 꾸준히 하다 보면 생각지도 못한 강연 등등의 길이 열리기도 한다. 조급함을 버리고 '지속'의 길로 들어서라. 재미있는 특별함으로 가는 길을 만나게 될 것이다.

옐로우햇 창업자 가기야마 히데사부로는 '지속의 힘'을 이렇게 말했다.

"작은 일도 정성을 다해 10년을 하면 위대해지고 20년을 하면 거대한 힘을 갖게 되고 30년을 하면 역사가 된다."

일단 저지르고
죽을힘을 다해 수습한다, 도전

"이제껏, 질러놓고 후들거리고, 후들거리며 다시 지르는 삶의
연속이었던 것 같다."

가수 싸이가 한 말이다. 정말 멋진 말이다. 좀 더 들어보자. 이
친구의 말에 삶의 비밀스런 원리가 숨어 있다.

"젊은 친구들이 이러면 어떡하지, 저러면 어떡하지, 그러면 어
떡하지, 수없이 주저하잖아요. 그런데 안 가봤잖아요. 몸을 사리
면서 용케 똥을 피해 가다가 결정적인 타이밍에 똥을 만나면 어
떡할 겁니까. 젊은 어느 날 된장인 줄 알고 푹 찍어 먹어봤더니
똥이더라. 그 다음부턴 본능적으로 똥인지, 된장인지 식별할 수

있거든요. 매도 먼저 맞는 게 낫다고, 한 살이라도 젊었을 때 깨져봐야 상처 아무는 속도도 빠르고, 자빠졌다 일어서는 속도도 빠른 거예요."

이게 왜 중요할까. 지금부터 설명해보자. 만약 가수가 되고 싶은 친구가 있다고 하자. 맨 처음 무엇부터 시작할 것 같나? 아니 사람들의 머릿속에 무엇부터 떠오를 것 같나? 바로 '자격'이다. 내가 가수가 될 만한 자격이 있을까? 이 질문부터 한다. 그러고는 그 '자격'을 갖추기 위해서 보컬 트레이너에게 가창 레슨을 받고 댄스 교습소에서 춤을 배운다. 좀 더 준비성 있는 친구들은 거기에 보태서 화성악을 배우고, 기타나 피아노 같은 악기를 배우기 시작할 거다. 이렇게 해서 스스로 생각하기에 가수가 되기 합당한 '자격'을 갖췄다고 생각되면 가수가 되는 등용문을 노크하기 시작하는 거다.

이 시점에서 나는 단언한다. 무언가를 하고 싶을 때 스스로에게 내가 그런 자격이 있을까를 묻는 사람은 결단코 그 일을 할 수 없다. '자격'은 스스로 만드는 거다. 누군가가 부여하는 게 아니라, 내가 나 스스로에게 그 '자격'을 부여하는 것이란 말이다. 그래서 가수가 정말 되고 싶으면 일단 되든 안 되든 내 스타일 대로 YG니 JYP니 SM 같은 기획사의 문을 두들겨대야 한다. 부모님의 재력에 기대지 말고 내 스스로의 재능에 기대서 저질러야 하는 거다. 그렇게 최선을 다해 노력하는 가운데, 애쓰는 가운데 실력은 쑥쑥 큰다. '자격'을 갖추기 위해 준비하는 것과는 차원이 다른 속도로 성장하게 되는 거다. 이런 걸 우리는 흔히 '공 차놓고 뛰는 정신'이라고 한다.

사람이 무언가를 가장 빨리 배울 때는 그게 절실히 필요할 때다. 언젠가 닥칠 오디션을 위해 피아노 연습을 하는 사람과, 당장 내일모레 있을 오디션을 위해 피아노 연습을 하는 사람의 밀도는 어마어마한 차이가 있다. '공 차놓고 뛰는 정신'은 우리를 항상 간절하게 만든다. 그래서 우리 속에 숨은 어마어마한 재능을 툭툭 끄집어낸다.

배운 다음에 일하려면 이미 늦다

내가 멘토로 모시는 분이 있는데 예전에 그분의 회사에서 잠시 일한 적이 있다. 처음 만난 날 헤어지면서 "많이 배우겠습니다"라고 했다가 당장 핀잔을 들었다. "배우긴 뭘 배워? 일하러 왔으면 성과를 내야지. 원래 일하면서 배우는 거야. 배운 다음에 일하려고 하면 이미 늦어." 맞다. 이 말이 정답이다. 국가가 정해놓은 자격증이야 억지로라도 공부를 해서 따야 하겠지만, 대다수의 분야는 일하면서 배우는 거다. 소설가로 성공하고 싶으면 일단 소설을 써야 한다. 그래서 독자를 만나야 한다. 더 나은 소설을 쓰려고 소설 쓰는 준비로 시간을 낭비할 필요가 없다. 평생에 걸쳐 소설 쓰는 실력을 키우면 되는 거다. 세계적인 명작을 쓸 준비가 되었을 때 소설가로 나서겠다고 생각하는 사람은 미안하지만 평생을 바쳐도 소설가가 되기 어렵다.

우리나라 사람들에게는 불필요한 자격 의식이 있다. 어떤 일을 하기 위해서는 반드시 필요한 자격이 있다고 믿는 것이다. 그리고는 그 부질없는 자격을 얻기 위해 쓸데없이 많은 시간을 투여한다. 오랜 시간을 들여 그 부질없는 자격을 얻었다고 믿는 순간(이를테면 어느 정도의 기타 연주 솜씨, 어느 정도의 작곡 솜씨, 어느 정도의 가창 솜씨) 거기서 성장을 멈춘다. 정말 중요한 것은 남다른 나만의 개성인데 그것을 갖추기보다는 그 남다른 개성을 가진 동료를 헐뜯는 데 공을 들인다. '걔는 고졸이잖아.' '그 친구 악보도 볼 줄 모르던데?' 이런 식으로 까내린다. '자격'이 안 되었다는 이유로 말이다. 다시 한 번 강조하지만 어떤 일에 대한 스스로의 열정보다 더 필요한 자격은 없다.

판잣집에 살던 한 소녀가 있었다. 1961년 말레이시아 페락에서 태어난 그녀는 고아로 자라다가 예순 살의 한 중국 여성에게 입양되었다. 그리고 아홉 살이 되던 해부터 그 가족의 생계를 책임져야 했다. 등나무 가방을 짰고 장례식장을 돌며 피리를 불었다. 그러나 그 와중에도 공부를 손에서 놓지 않았다. 결국 싱가포르 국립대에 진학해 우등졸업했고, 다국적 제약 회사에 입사한 뒤 1989년, 스물여덟 살 때 창업했다. 그리고 15년 만에 그 회사는 2억 5000만 달러짜리 회사로 성장했다. 그 회사가 싱가포르의 물 재생기업 하이플럭스이고 그 회사의 CEO 올리비아 럼이 바로 이 이야기의 주인공이다. 기자가 그녀에게 직장생활 3년 만에 불확실한 사업으로 뛰어들었는데 그 당시 물 처리와 관련한 특별한 기술이라도 있었느냐고 물었을 때 한 그녀의 답변이 많은 것을 이야기한다.

"전혀, 오직 꿈만 있었다. …… 이 길로 나를 이끈 건 두 가지였다. 하나는 시장이 매우 크다는 것이고 둘째는 고귀한 사업이라는 것이다."

사람들이 마흔을 넘으면 무언가 새로운 것을 한 가지씩 배우기 시작한다. 어떤 사람들은 서예를 배우고, 어떤 이는 요리를 배운다. 어떤 이는 기타를 배우고 또 어떤 이는 사이클을 배운다. 이유가 뭔지 아는가? 허전하고 아쉬워서다. 왜 내가 스무 살 시절 무언가를 배우지 않았을까. 왜 그때는 머뭇거리고 시도하지 않았을까. 그러면서 자연스레 스무 살 젊은 시절 무언가를 시도했던 친구들이 눈에 들어온다. 그토록 무모해 보였던, 이것저것 좌충우돌 저질러대던 친구들은 20년이 지난 지금 무언가를 가지고 있다. 그래서 앞으로 또 20년 후에는 지금 같은 후회를 하지 않기 위해 성급하게나마 무언가를 배우기 시작하는 것이다. 그게 삶의 비밀스런 원리다. 무엇인가를 얻기 위해서는 저질러야 한다. 그리고 그것을 수습하며 나아가야 한다. 무엇인가가 당신의 피를 끓게 한다면 그것을 일단 시작해라. 그 저지름이 정말 거대한 보람을 가져다줄 거다.

온몸이 기억하게
만드는 후천적 재능, 반복

"1000번을 듣고 1000번을 따라 부릅니다."

드라마 대본을 쓰는 최순식 작가가 우연한 기회에 전국노래자랑 최우수상 수상자를 만났을 때 물었다고 한다. "어떻게 하면 그렇게 노래를 잘 부르는가."

그 대답이 1000번을 듣고 1000번을 따라한다는 거였다. 노래한 곡을 제 것으로 만들기 위해서는 그만큼의 반복이 필요했다. 1000번을 조용히 들으면서 작사가와 작곡가의 의도와 미세한 감정을 완전히 파악한 뒤, 또 1000번을 따라 부르거나 혼자 부르거나 하며 반복한다는 것이다.

"난 재능이 없나 봐!" 하며 나가떨어지기 전에 나는 얼마나 반복했는지 철저하게 반성해봐야 한다. 대체로 그 대답은 '반복이 충분하지 못했다'가 되기 쉽다. 일본 드라마 중에 길거리 싸움을 다룬 〈홀리랜드〉라는 드라마가 있다. 청소년들에게는 그리 권하지 않는 드라마지만 이 드라마의 주인공에게는 우리가 배워야 할 '무언가'가 있다.

이 드라마의 주인공은 한마디로 '찌질'하다. 늘 주눅 들어 있고, 학교 일진들이 '빵셔틀'시키면 그냥 암말 못하고 사다 줘야 하는, 기죽어 지내는 인생이다. 그런 그가 어느 날부터 집에서 '원투 스트레이트'를 연습하기 시작한다. 그냥 하는 게 아니라 정말 말 그대로 '죽어라' 연습했다. 매일 1000번씩 주먹을 내질렀다. 온몸에서 땀이 비 오듯 쏟아졌다.

그러던 어느 날 우연히 시비가 붙었을 때, 주인공은 의도하지도 않게 몸에 붙어 있던 원투 스트레이트로 상대방을 녹아웃시켜버린다. 찌질한 주인공이 하루아침에 관심의 중심이 되었다. 매일 1000번씩 스트레이트 펀치를 연습한 결과, 위험한 상황이 닥치자 머리가 이성적으로 상황을 판단하기 이전에 몸이 먼저 반응한 거다. 상대는 한주먹 하는 거리의 불량배였다. 불량배도 때려눕힐 펀치가 '반복'을 통해 몸에 새겨진 거였다.

"나는 아무리 욕을 먹더라도 어린 제자들을 울리고 싶다. 피아노를 치는 것이 얼마나 힘들고 고통스러운 과정을 거쳐야 하는지를 깨달아야 깊은 음악이 나오기 때문이다. 2006년 리즈 콩쿠르에 참가하기 직전 제자 김선욱을 2개월 동안 감금하다시피 해서 매일 레슨을 한 이유도 그래서다. 제자의 휴대 전화에 내 이름 대신 '악마 쌤'으로 적혀 있는 걸 보기도 했다."

세계 최고 권위의 영국 리즈 피아노 콩쿠르에서 18세의 나이로 우승한 김선욱을 길러낸 한국예술종합학교 김대진 교수의 말이다. 김선욱이라는 뛰어난 제자를 만난 우연이었을지도 모른다고 생각할 수도 있다. 그러나 우연이 그렇게 자주 반복되지는 않는다. 2012년 에틀링겐 국제 청소년 피아노 콩쿠르에서 우승한 17세 문지영도 김대진 교수의 제자다. 2000년에 당시 14세의 나이로 같은 콩쿠르에서 우승한 세계적인 피아니스트 손열음도 '악마 쌤'에게 조련됐다.

훌륭한 선생님들은 대부분 '반복'을 강제한다. 우리 주변의 뛰어난 경지에 오른 사람들은 대부분 '반복'에 익숙하다. 태권도 1단을 따기 위해서 얼마나 많은 정권 지르기와 발차기를 매일 해야 하는지 해본 사람은 안다. 피아노를 능숙하게 치기 위해서 같은 곡을 얼마나 자주 반복해서 쳐야 하는지 배워본 사람은 안다. 태권도 사범과 피아노 선생님은 그 반복을 재미있게, 때로는 억지로 시킨다. 그걸 얼마나 잘하느냐에 따라 훌륭한 사범과 훌륭한 선생님이 된다. 그리고 그 지겨운 '반복'을 거듭하다 보면 어느새 머리 높이로 발차기가 올라가고 건반 위를 날아다니는 손가락에 정작 본인이 깜짝 놀라게 된다.

『시골의사의 부자경제학』『자기혁명』등등의 저서를 쓴 베스트셀러 작가 박경철도 글 쓰는 재주를 얻기 위해 소설가 오정희의 소설을 열 번 넘게 반복해서 필사했다고 한다. 필사를 해본 적이 있는 사람은 안다. 책 한 권을 필사하는 데 얼마나 많은 정성과 시간이 필요한지. 사람은 본능적으로 똑같은 일을 반복하는 것을 싫어한다. 그러나 수만 번, 수십만 번을 반복할 수 있다면 그 사람은 남들이 갖지 못한 기술을 습득하게 된다. 인기 프로그램인 〈생활의 달인〉에 등장하는 '달인'들은 '반복'을 통해 입이 떡 벌어질만한 기술을 몸에 익혔다. 지루함을 참고 끝없이 무언가를 반복해서 내 몸에 새길 수 있는 능력, 최고의 리얼 스펙이다.

착하고 순한 마음, 인성

내 나이쯤 되면 친구들이 술자리에 모여 통탄을 한다. 그냥 안타까워하는 정도가 아니라 주먹으로 가슴을 치며 안타까워한다. 내용은 이렇다. 아버지는 아이가 명문대에 입학하는 것이 가장 중요하다고 생각했다. 그래서 제 아버지가 퇴근해서 집에 들어오건 말건, 어머니가 몸살로 머리 싸매고 누워있건 말건, 집안의 중요한 행사가 있건 말건, '너는 공부해라'며 편의를 봐줬다고 한다. 공부 핑계로 사달라는 건 다 사줬고, 몸에 좋다는 건 다 먹였다.

그랬더니 어느 날부터는 공부하는 것을 벼슬로 알더라는 거다. 친구 아들 놈 중 하나는 아예 협박을 하더란다. "스마트폰 안

사 주면 공부 안 해!" 이건 뭔가. 또 아버지가 구조조정이다 매출 압박이다 힘들게 회사 일 마치고, 그래도 자식 먹일 거라고 치킨이라도 사 들고 들어가 공부방 문을 열면 "어, 고마워, 거기다 놓고 가." 그런단다. 그래서 서운하기도 하고 저리 키워 뭐가 될까싶어서 좀 나무라면 "평소대로 하지. 아, 알았어요. 앞으로는 잘할게요. 이제 됐어요? 그럼 나가요. 내일모레 중간고사야." 이런말이 돌아오기 일쑤란다. 왜 공부 핑계로 예절이나 남에 대한 존중은 팽개쳤는지 후회와 탄식이 하늘을 뚫고 산을 무너뜨린다.

미리 말해두자. 인성은 우리가 갖출 수 있는 무기 중에서도 가장 큰 무기이자 도저히 흉내 낼 수 없는 능력이다. 사람이 살아가면서 지켜야 할 기본적인 마음 씀씀이인 인성은 어느 날 '지금부터 인성을 가다듬자' 하고 작심한다고 만들어지는 것이 아니다. 아주 어린 시절부터 오랜 세월 부모와 스승의 지도와 편달을통해 가다듬어지는 것이다. 삼성도 2013년부터 이건희 회장의지시로 도덕성을 갖춘 인재를 뽑고자 '인성'을 채용 기준에 크게반영했다. 심층면접도 두 시간으로 늘렸다. 시대를 읽은 결과다.

홈플러스의 이승한 사장에게 물었다. CEO가 될 인재들은 어떤 특징이 있습니까? 상대를 단숨에 제압하는 카리스마나 수많은 사람을 한 방향으로 이끄는 리더십, 이런 대답을 기대했다. 그러나 답은 무척 소박했다. 유치원에서 배움직한 답이 돌아왔다.

"작은 일에도 전력을 다하는 겁니다. 하찮은 일에도 최선을 다하고 타인을 배려하며 일하는 사람이 CEO 재목감이죠."

그걸 어떻게 알아보냐는 질문에 허드렛일을 시켜보라고 권한다.

"허드렛일을 잘하는 사람이 훌륭한 재목감입니다."

실제로 허드렛일을 시켜보면 묵묵히 일을 하면서도 불평하지 않고, 어떻게든 조금이나마 더 잘해보려고 머리를 쓰는 사람이 있다. 처음에 잘 티가 안 나고 있는지 없는지도 모를 정도지만 이런 직원이 어느 순간 비약적으로 성장한다. 반면 늘 불평에 가득 차서, 시키니까 마지못해 하면서도 주변의 온갖 사람들에게 툴툴거리는 신입이 있다. 내가 수많은 교육을 다니면서 살펴보면 대다수의 회사들은 그리 만만한 곳이 아니다. 정말 최고의 명장들은 그런 사람을 반드시 찾아 쓴다. 반드시 누군가는 그런 사람을 찾아내어 더 생산성이 높은 일을 하게 한다.

불황의 시대면 늘 기업인들이 만나보고 싶어 하는 사람 1순위로 꼽히는 프로야구의 명장 김성근 감독. 2007년, 2008년, 2010년 SK와이번스를 이끌며 세 번의 우승컵을 들어 올린 그는 말한다. "나는 최고의 선수들로 구성된 팀을 맡아본 적이 없다. 방법은 훈련밖에 없었다. 진심으로 훈련을 따라오는 선수들이 있다면 훈련으로 강해질 수 있다." 그러면서 그는 진지하게 훈련을 따라오는 선수들은 '순한 마음'을 갖고 있다고 말했다. 한마디로 인성이 되어 있더라는 거다.

세상 곳곳에는 이승한 사장이나 김성근 감독처럼 기본 마음가짐이 다져진 인재를 찾아 대성시키는 고수들이 있다. 폭풍 성장의 길목에서 이런 스승을 만난다는 것은 최고의 경지에까지 이를 수 있는 천재일우의 기회다. 다만 이런 스승들의 눈을 속이는 것은 불가능하다. 돈을 주고 속성으로 익힌 '스킬'은 잠시 잠깐 사람들을 현혹시킬 수 있지만, 곧 바닥을 드러낸다. 그러나 아주 오랜 시간 숙성된 '순한 마음'은 아무리 깊이깊이 파묻혀 있어도 향기를 낸다. 그리고 명장과 명감독은 그 '향기'를 찾아내 조련시킨다. 그래서 착하고 순한 마음이 최고의 리얼 스펙인 거다.

내 전부를 건다, 열정

"가정 형편이 좋았다면 죽을 듯이 춤을 추진 않았을 거예요."

대한민국 인재상을 받은 20대 초반의 '비보이 킬' 박인수 군의 얘기다. 그의 두 부모는 청각장애 1급이다. 말도 못하고 들리지도 않는다. 울산에서 소형 트럭을 개조해 호떡을 구워 판다. 박인수가 태어나기 전부터 해온 일이다. 그런 부모님과 대화를 나누려면 수화로 해야 한다. 집안이 넉넉할 리가 없다. 정말 못살았다. 춤을 추기 전까지는 원망이 많았다. 나는 왜 이런 집에 태어났을까 그런 생각을 했다.

그러던 박인수는 춤에 대한 열정을 마음에 품기 시작하면서 바뀌었다. 철이 들었다. 이제는 남들이 '호떡집 아들'이라 부르면 자랑스럽게 생각한다. 어려운 형편일수록 자식 키우는 것이 더 힘들다는 것도 헤아릴 줄 안다. 해주고 싶은 것도 많고 먹이고 싶은 것도 많지만 못해주는 고통이 더 크다는 것도 헤아린다. 어른이 되면 독립해서 혼자 자신을 증명해야 한다는 것도 깨달았다. 춤에 대한 열정이 가져다준 변화다.

"제 몸은 유연하게 타고났어요. 그것만으로도 부모님은 제가 춤을 추며 세상 속에서 충분히 살아갈 수 있게 베풀어주신 거죠."

그는 초등학교 6학년 때 제시카 알바 주연의 〈허니〉라는 영화에서 '비보이'를 만났다. 그 순간이 박인수의 결정적 순간이다. 비보이가 대중화되기도 전이었다. 박인수는 댄스부가 있는 중학교를 찾아서 입학했고, 비보이 팀이 있는 청소년 문화센터를 수소문해서 무턱대고 찾아갔다. 학교를 마치면 연습실로 가서 춤을 췄다. 밤 10시가 넘어 집에 가기 일쑤였다. 힘들지 않았다. 자신이 좋아하는 일이었기 때문이다. 부모님들은 꾸중하셨다. 여덟 살 위의 형도 공부하라고 막았다. 그러나 춤을 멈출 수 없었다. 춤추고 싶어서 공부했다.

거리에서 춤을 추는 아이들을 좋지 않은 눈으로 보는 사람들도 많다. 하지만 정말 진지하게 춤을 대하는 사람은 절대 껄렁대지 않는다. 한 기술을 연마하려면 적어도 한 달 이상 걸린다. 껄렁대면서 실력을 키울 수는 없다.

"제가 춤추면서 만난 형이나 친구 중에서 나쁜 사람은 한 명도 없었어요. 한 기술을 연마하려면 적어도 한 달 이상 걸려요. 인내심이 필요하죠. 그런 참을성이 제 성격 형성에 도움이 됐어요."

춤을 잘 추려면 엄청난 노력을 기울여야 한다. 박인수는 춤추기 전에는 항상 팔굽혀펴기 100회와 스트레칭을 했다. 그리고 하루도 빠지지 않고 다섯 시간씩 춤을 췄다. 생활도 절제해야 한다. 술과 담배? 안 한다. 몸이 재산이기 때문이다. 고난도 기술을 가르쳐줄 사람이 없어 동영상이나 만화책을 보고 동작을 따라했다.

무언가에 열정을 다하는 사람은 남의 눈을 의식하지 않는다. 중학교 1학년 겨울, 울산에서 비보이 대회가 있을 때였다. 대회장 한쪽 구석에서 남이 보든 말든 만화책에서 본 '카포에라'라는 기술을 연습했다. 물구나무 선 상태에서 몸이 휴대폰 폴더처럼 접히는 동작. 그런데 그때 그 모습을 본 울산 비보이 팀의 리더가 있었고, 중학교 2학년 때 그 팀에 스카우트됐다. 열정은 스스로 기회를 만들고, 기회를 자신에게 끌어당긴다.

우리가 가져야 할 리얼 스펙은 바로 이와 같다. 춤추는 '스킬'이 아니라 춤에 대한 '열정'이다. 그 '열정'이 주변의 사람들을 감동시키고 나를 채찍질하기 때문이다. 그래서 더 높은 경지에 오르게 하고, 더 오랫동안 능력을 유지시킨다.

'바운스', '헬로' 등등이 담긴 19집을 내놓으며 제2의 전성기를 맞은 조용필. 그의 전설도 음악에 대한 '열정'으로 만들어졌다.

조선일보 한현우 기자의 술회다. 2002년 11월 어느 날 조용필과 오후 7시부터 인터뷰를 시작해서 새벽 3시까지 8시간 인터뷰를 나눈 것이 첫 만남이었는데, 그 시간 동안 오로지 음악 이야기만 하는 것에 놀랐다고 한다. 음악 담당 기자여서 다른 수많은 뮤지션들과도 만나봤지만 시종일관 음악 이야기만을 하는 사람은 오직 조용필 한 명 뿐이었다.

'그의 머릿속에는 음악 한 가지 밖에 없는 것 같았다.'

더 놀라운 것은 그런 음악에의 열정이 11년 뒤 2013년에 만났을 때도 고스란히 유지되고 있었다는 거다.

조용필과 20년째 함께 하고 있는 기타리스트 최희선은 말한다. "이제 됐어, 라고 말하는 법이 없어요. 고치고 고치고 또 고치다가 시간에 쫓겨서 발표하는 게 조용필의 음반이고 공연이에요. 공연 막이 올라가는데 곡목을 바꾼 적도 있습니다."

베이시스트 송홍섭은 조용필을 이렇게 묘사한다. "매 순간 (음악에) 목숨 거는 사람."

조용필을 '가왕', '국민가수', 혹은 그 이상의 무엇으로 만든 건, 타고난 목청도 아니고 잘생긴 외모도 아니었다. 음악에 대한 열정이었다. 무언가에 대한 열정은 위대함을 만든다.

더 잘하려고 하지 말고
남다른 걸 하라, 디퍼런트

더 잘하는 것은 힘들고 어렵다. 요즘처럼 경쟁이 극화된 세상에서는 더욱 그렇다. 흔히 말하는 '달인'의 경지에 올라야 한다. '달인'의 경지는 오랜 숙련과 반복이 필요하다. 그런데 문제는 몇몇 분야의 경우 경쟁이 무척 치열하다는 것이다. 큰 명예와 부귀를 가져다주기 때문에 당연히 경쟁자가 매우 많다. 거기서 제일 잘하기는 정말 쉽지 않다.

게다가 더 큰 문제는 사람들의 취향이나 사회적인 상황이 수시로 바뀐다는 거다. 한때 불처럼 일었던 사업도 금방 시들해지는 게 현대 사회다. 90년대 초반, 기세 좋게 타올랐던 '펌프'라는 댄싱머신이 있었다. 동네마다, 번화가마다 있는 그 기계 위에서 학생들은 신나게 춤을 췄다. 하지만 요즘 젊은 학생들은 '펌프' 자체를 모른다. 유행은 이렇게 흘러간다. 또 한때 수많은 사람들이 '워크맨'이라는 휴대용 음악기기를 들고 다녔다. 지금 그런 카세트테이프를 들고 다니는 사람은 무척 희귀해졌다. MP3를 거쳐서 스마트폰으로 다 바뀌었다.

'달인'의 세계도 똑같다. 요즘은 '식자공'이라는 직업을 들어본 사람이 별로 없을 거다. 멀지도 않은 수십 년 전, 책을 만들려면 납활자통에서 원고에 맞는 활자들을 뽑아내어 배열하면서 판을 만들어야 했다. 그걸 하려면 굉장히 숙달되어야 한다. 말 그대로 '달인'이다. 그런데 어느 순간 퍼스널 컴퓨터가 보편화되고 조판이 컴퓨터로 이뤄지기 시작했다. 아무리 '달인'급의 식자공이라도 어쩔 수 없었다. 역사의 뒤편으로 사라져버렸다.

이렇게 시대 상황에 맞지 않는 낡은 직업에 속한 사람들은 아무리 모여서 데모를 해도 사멸해가는 속도를 아주 조금 늦출 수는 있을지 몰라도 대세를 막을 수는 없다. 그중 정말 최고의 경지에 오른 이들은 '예술가', '장인'으로서 살아남지만 다른 이들은 직업을 바꾸어야만 살아갈 수 있다. '더 잘하기'가 힘들고 어려운 이유다.

인기 직업도 계속 바뀐다. 물론 지금도 자식을 둔 부모들은 법대, 의대가 좋다고 생각한다. 자녀가 한의사를 하겠다고 해도 좋아할 거다. 지난 시절의 경험 때문이다. 변호사와 의사는 아무리 어렵다 어렵다 해도 월급쟁이보다는 늘 형편이 나았다. 하지만 세상에 영원한 것은 없다. 이쪽도 이상기류가 생기고 있다. 변호사, 의사, 한의사, 변리사 등등 속칭 '사'자 붙은 직업군에서도 '양극화'의 광풍이 불고 있다. 충분히 예상 가능한 일이었다.

'사'자 붙은 직업군이 잘 나갈 수 있었던 이유는 진입 장벽이 높았기 때문이다. 변호사만 예를 들어도 예전에는 한 해 사법시험에 합격하는 사람이 100명이 채 되지 않았다. 거기서 판사, 검사 빼고 변호사가 되는 수가 무척 적었던 것은 당연한 일. 한마디로 수요는 많은데 공급은 무척 적은 귀한 직업이었던 거다. 그러니 그 대가가 비쌌을 것은 불문가지다.

이게 이제 바뀌고 있다. 로스쿨 제도가 만들어지고 사법시험 합격자 수도 대폭 늘려서 한 해에 2000명 이상씩 법관을 배출해 내고 있다. 당연히 진입 장벽이 낮아지면서 그 안에서 경쟁이 생겨나게 된 거다. 똑같은 현실이 의사 세계와 한의사 세계에서 벌어지고 있다. 한의사는 90년 이후로 한 해에 800명씩 쏟아져 나온 데다, 보약이나 개소주를 만들어 파는 건강원, 그리고 홍삼 제품 등등과의 경쟁 때문에 정말 힘들어하고 있다. 막연히 안정된 직업을 갖기 위해 어린 시절부터 죽어라고 공부만 해서 법대, 의대 나왔는데 이런 현실과 맞닥뜨리게 되는 것이다. 세상은 이렇게 바뀐다.

월급이 적은 쪽을 택하라

내가 좋아할 수 있는 남다른 일을 해야 한다. 발상의 전환, 이게 중요한 시절이다.

미국 개척 시절 이야기를 해보자. 미 대륙의 서부는 황무지라 버려진 땅이었는데 어느 날 그쪽에서 귀한 황금이 발견됐다. 이 이야기를 듣자마자 달려가 황금을 발견한 사람들, 부자 됐다. 그냥 편하게 예전에 살던 대로 살던 사람들에 비해 진취적인 사람들, 다르게 산거다. 그러다 황금을 캐는 사람들이 늘어났다. 경쟁자가 늘어난 거다. 그때 또 일군의 머리 좋은 사람들은 황금을 캐는 대신 황금을 캐는 사람들에게 물과 청바지 등속을 팔았다. 그 사람들 역시 엄청난 돈방석 위에 올랐다.

남이 안 하는 일에 뛰어드는 것은 일견 위험해 보인다. 사람들은 남이 안 하는 일에 뛰어드는 사람들을 손가락질하며 끌어내리려는 속성이 있어서 온갖 위험을 과장한다. 하지만 남이 안 하는 일, 이게 마케팅 용어로 어렵게 이야기하면 '블루 오션'이다. 비경쟁 시장, 경쟁자가 아무도 없어서 혼자 다 차지하는 시장이다. 반면 세상이 변하고 있을 때 과거의 경험에만 기대어 변하지 않고 타성에 머물면 어느 순간 내 할 일이 없어진다. 사라져버린 식자공들처럼 어느 순간 용도 폐기되고 만다. '더 잘하기(more better)'가 아닌 '다름(different)'을 추구해야 하는 이유다.

이렇게 보면 왜 거창고등학교에서 다음과 같은 직업 선택 십계명을 내세웠는지 이해가 될 거다. 현명한 거다. 적어보자.

1. 월급이 적은 쪽을 택하라. (월급이 적으면 아무도 안 오려고 할 거 아닌가? 거기서 기회를 발견하고 키우면 1등, 꼭 필요한 사람이 될 수 있다.)
2. 내가 원하는 곳이 아니라, 나를 필요로 하는 곳을 택하라. (내

가 아무리 연예인 되고 싶어도 그거 되고 싶은 애들 많다. 힘들다.)

3. 승진의 기회가 거의 없는 곳을 택하라. (아무도 안 가려고 하는 그런 곳에 기회가 있다니깐!!)

4. 모든 조건이 갖춰진 곳을 피하고 처음부터 시작해야 하는 황무지를 택하라. (제대로 된 실력을 키울 수 있다.)

5. 앞다퉈 모여드는 곳에는 절대 가지 마라, 아무도 가지 않는 곳으로 가라. (앞다퉈 모여드는 곳에 내가 도착했을 때는 발 디딜 틈 없을 거 아닌가.)

6. 장래성이 전혀 없다고 생각되는 곳으로 가라. (이제 입 아프다. 장래성이 전혀 없다고 생각되어서 아무도 안 오면 거기 기회가 있다.)

7. 사회적 존경을 바랄 수 없는 곳으로 가라. (마찬가지.)

8. 한가운데가 아니라 가장자리로 가라. (상동.)

9. 부모나 아내나 약혼자가 결사반대하는 곳이면 틀림없다, 의심치 말고 가라. (^^)

10. 왕관이 아니라 단두대가 기다리고 있는 곳으로 가라. (좀 너무 살벌하지만 그만큼 뭔가 처음 시작할 때는 반대와 우려와

불안이 심하다는 걸 단두대에 비유한 거다. 스티브 잡스와 스티브 워즈니악이 한국에서 태어났다고 생각해봐라. 그리고 다니던 학교 중퇴하고 그때까지 없던 퍼스널 컴퓨터를 만들겠다고 창고에서 다 큰 녀석 둘이 쑥덕거리고 있으면, 부모는 그 둘을 단두대에 밀어 넣고 싶은 심정일 거다.)

이거 진짜 맞는 말이다. 혹시 〈바람의 나라〉라는 게임을 알고 있는가? 이게 좀 오래된 게임이어서 모르겠으면 〈카트라이더〉는 어떤가? 대단한 인기를 끌고 해외에도 수출된 게임들이다. 이 게임을 만든 회사가 넥슨이다. 이 회사가 곧 일본 주식시장에 상장된다(이 책이 나올 무렵이면 아마 상장이 끝났을 거다). 그렇게 되면 대한민국 부자 서열이 바뀐다. 이건희 삼성회장, 정몽구 현대차그룹회장, 다음으로 3위에 넥슨의 지분 80퍼센트를 소유하고 있는 김정주 회장이 오르게 된다.

김정주 회장, 원래 카이스트라는 명문대에서 공부하던 대학원생이었다. 그 당시 카이스트 대학원생은 대부분 교수나 연구자를 지망하고 있었다. 그렇지만 그는 방향을 틀어 게임 회사를 만들고 그 회사를 키워나갔다. 아마도 주변의 많은 사람들이 우려를 금치 못했을 거다. 대한민국 풍토에서 카이스트 대학원생이 게임 회사를 만든다? 아내나 약혼자가 있었다면 결사반대했을 거다. 하지만 김정주 회장은 거기서 승부를 걸었고 마침내 대한민국 3위의 부자가 됐다.

아, 김정주 회장과 한방을 쓰며 비슷하게 삐딱선을 탔던 동료 중 한 명이 이해진 회장이다. 누구냐고? 대한민국 1등 포털인 NHN, 즉 네이버를 만든 사람이다. 우리나라만 그런 건 아니다. 페이스 북을 만든 주커버그나 애플의 스티브 잡스, 마이크로소프트의 빌 게이츠, 구글의 래리 페이지……. 모두 남다른 길을 용기 있게 걸어서 세상을 바꾼 사람들이다. 물론 즐겁게 일했다.

김정주 회장에 대한 일화로 이런 게 있다. 『바람의 나라』라는 만화를 그린 원작자가 한밤중에 넥슨으로 전화를 걸었다. 게임 하던 중 랙이 걸렸는데 해결해달라는 전화였다. 그 전화를 친절하게 받고 한밤중에 기꺼이 서버를 관리하던 청년, 그 사람이 김정주 회장이다.

남과 다른 게 재산이다. 80년대부터 세상을 들었다 놨다 해온 팝의 여왕 마돈나는 아주 오래 전부터 '디퍼런트'가 얼마나 큰 재산인지를 잘 알고 있었다. 그녀의 앞니는 살짝 벌어져 있다. 그걸 어느 잡지에서 포토샵으로 교정을 해서 사진을 실은 일이 있었다. 그때 마돈나가 보인 반응은 의외였다. 보통은 예쁘게 고쳐줘서 감사한 마음을 표하거나 할 텐데 잡지사가 깜짝 놀랄 만큼 정말 거세게 항의를 했다. 그녀는 살짝 벌어진 자기 앞니를 행운의 상징으로 여겼다고 한다. 다른 누구와도 다른 매력 포인트가 될 수 있다는 걸 자각하고 있었던 거다. 그랬기에 지금까지도 팝의 여왕으로 군림할 수 있는 것 아닐까.

남다른 일을 즐겁게, 열정적으로 하자. 앞으로는 이런 사람들이 주도하는 그런 시절이 펼쳐질 거다. 아니 이미 펼쳐지고 있다. 이전 세대들이 살았던 시절과는 질적으로 다른 시절이다.

가장 고통스러울 때
한 발 더 내딛는 능력, 한계 돌파

근육은 어떻게 만들어질까? 더는 할 수 없을 것 같을 때 한 번
더 하는 순간, 근육이 발달한다. 헬스클럽마다 퍼스널 트레이너
(PT)들이 있다. 이 PT들이 무슨 일을 하는지 잘 관찰해보라. 그
들이 하는 일의 대부분은 '한 번 더!'를 외치며 운동하는 사람들
을 격려하는 일이라는 걸 알 수 있다.

어지간히 독한 사람이 아니면 자신의 한계점까지 스스로를 끌
고 가지 못한다. 대부분은 '이러다 죽을지도 몰라, 너무 힘들어'
그렇게 자기 자신과 타협한다. 사람들이 헬스클럽을 며칠 못 다
니고 중도에 그만두는 이유가 그렇고, 혹 헬스클럽에 나가도 트

레드밀 위에서 살살 걷다 오는 정도에 그치는 이유가 그렇다.

그러나 PT들은 바로 그때 '한 번 더요! 할 수 있어요! 자, 한 번만 더 하면 허리가 개미허리됩니다.' 하며 격려하고 고무시킨다. 그렇게 고객들이 자신과 타협하지 않고 한계를 넘어설 수 있도록 돕는다. 그들은 바로 그 '한계 돌파'를 가능하게 해주는 대가로 비싼 수업료를 받는다.

근육을 만들든, 몸에 붙은 지방을 태우든 그 마지막 화학 작용은 '임계점'에서 이루어진다. 물을 끓이면 표면이 계속 잠잠하다가 비등점을 넘어가면 비로소 보글거리는 것처럼 말이다. 그런데 보통 사람들의 의지력으로는 지방을 태우는 비등점이나 근육을 키우는 임계점까지 매일 자주 도달하지 못한다. 고통스럽기 때문이다. 중간에서 '이 정도면 됐어. 이렇게 힘들잖아' 하며 포기한다.

그 고통은 육체적인 힘듦으로도 오지만, 정신적인 스트레스로도 온다. 무슨 말인가. 예를 들어보자. 영어 공부를 좀 했다 싶은 대다수의 사람들은 문법에서 'to 부정사'와 '명사' 부분은 비교적 잘 안다. 반면 '가정법'은 잘 모른다. 또 단어 책에서 A로 시작하는 단어는 꽤 많이 아는 반면 알파벳 순서의 뒤로 갈수록 모르는 단어의 숫자가 기하급수적으로 늘어난다.

'to 부정사'와 '명사'가 쉽고, '가정법'이 어려워서가 아니다. 'to 부정사'와 '명사'는 문법 책의 앞부분에 있고 '가정법'은 맨 뒷부분에 있기 때문이다. A로 시작하는 단어를 많이 아는 이유는 단어 책의 맨 앞이 A로 시작하는 단어들이기 때문이다. 빨리 잘하고 싶은데 진도가 잘 나가지 않으면 조바심과 지루함 때문에 교재 읽기를 중도에 포기하게 된다.

그러고는 애꿎은 교재 탓을 하며 더 재미있을 것 같은 교재로 옮겨간다. 문제의 근원은 '지루함'이라는 고통을 견뎌내지 못한 본인에게 있음에도 말이다. 하지만 새로운 책을 펼쳐 놓고 다시 'to 부정사' 편이나 '명사' 편, A로 시작하는 단어 편을 읽다가 포기한다. 그런 일의 무한 반복, 많이들 경험했을 거다.

육체적 고통이나 지루함을 견디기 힘든 건 그 견딤의 보답이 상당히 늦게 나타나기 때문이다. 오늘 하루 헬스클럽에서 열심히 운동했다고 내일 당장 배에 왕자가 새겨지는 것은 아니다. 오늘 하루 영어 공부를 바짝 한다고 해서 내일 당장 외국인과 자유로운 프리 토킹이 가능할 수는 없다. 언제 내 몸이 잘 다듬어지는지, 언제 외국어를 자유롭게 구사할 수 있는지 모르면서도 묵묵히 한 걸음을 더 내디딜 수 있는 힘, 그게 바로 '한계 돌파' 능력이다. 한계를 돌파하기 전에는 엄청나게 노력한 사람이나 대충한 사람이나 차이가 별로 느껴지지 않는다. 그래서 정말 많은 사람들이 이런 상태에서 좌절한다. 그러나 진정한 차이는 바로 그 시점에서 한 걸음을 더 내디딜 수 있느냐가 판가름한다.

대한민국 최고의 축구 스타 박지성. 그에게 어느 기자가 물었다. 그렇게 시합 내내 줄기차게 뛰어다니면 힘들지 않냐고. 그때 박지성의 대답이 최고다웠다.

"힘들죠. 저라고 왜 힘들지 않겠어요. 심장이 터져버릴 것처럼 힘들죠. 그런데 그때 한 발짝 더 뛰어요. 그게 저를 만들었죠."

보통의 축구선수들은 90분 풀타임을 뛸 때 10킬로미터를 뛰면 많이 뛰었다는 소리를 듣는다. 그런데 박지성은 평균적으로 12킬로미터를 뛴다. 2킬로미터를 더 뛰는 것이다. 그 2킬로미터는 그냥 단순한 거리가 아니다. 심장이 터질 것처럼 요동치고, 허벅지가 타는 것처럼 고통스럽다. 그럼에도 불구하고 내딛은 한 걸음 한 걸음이 쌓여서 만들어지는 거리다. 그리고 그 2킬로미터의 차이가 박지성을 만들었다.

이젠 정말 끝인가, 그런 암담함 속에서 다시 한 번 일어서서

한 걸음을 내딛는 한계 돌파 능력. 그게 리얼 스펙이다. 인생은 대나무의 성장과 비슷하다. 질풍처럼 내달리다가도 반드시 마디를 만나게 된다. 그 마디를 뚫어내기 위해서는 정말 죽을 것 같은 고통을 겪어야 한다. 그건 아무도 피해갈 수 없다. 제대로 자신의 분야에서 일가를 이룬 사람들은 누구나 할 것 없이 그런 암울한 암흑기를 겪었다. 그러나 그 마디를 뚫어내면 곧바로 폭풍 같은 성장과 마주한다. 한계 돌파 능력, 리얼 스펙으로 꼭 갖춰야 할 자질이다.

재미를 위해 만들고
다음을 위해 깬다, 관성

무언가 새로운 것을 시작할 때 염두에 두어야 할 것은 '관성'이다. 또한 무언가를 그만두고 싶을 때 염두에 두어야 할 것 역시 '관성'이다. 소설가 이외수는 고백했다. 일단 소설을 쓰기 시작하면 행복하다. 좍좍 써진다. 하룻밤 새 장편소설을 한 권 탈고할 기세로 글을 써내려갈 수 있다고 한다. 남들처럼 머릿속에서 아이디어가 떠오르지 않아 끙끙대는 일도 없다. 문제는 책상 앞에 가서 앉기까지가 지옥이라는 것이다. 뭉개고 앉아 있다가 발딱 일어나서 컴퓨터가 놓인 책상 앞에 탁 앉기까지의 거리는 불과 2~3미터도 되지 않지만 그걸 못 움직여서 몇 날 며칠 글을 한

줄도 못 쓰는 것, 바로 관성 때문이다. 이외수 작가는 그래서 젊은 시절 스스로를 강제하기 위해 집필실 문을 감옥처럼 만들고 밖에서 걸어 잠그도록 했다는 기인다운 이야기도 전한다.

소설가들은 창작의 고통을 '산고'에 비유한다. 그러니 매일 소설을 쓰기 위해서는 나름대로 자신을 강제하는 일이 반드시 필요하다. 『노인과 바다』로 유명한 어니스트 헤밍웨이는 매일매일 글을 쓰기 위해 벽에 소설을 쓴 페이지 수를 기록했다고 한다.

반면 기존의 관성을 끊어 내는 것도 중요하다. 아침 일찍 잠자리에서 일어나는 일은 어렵다. 관성 때문이다. 매일 아침 사무실에서 커피 한 잔에 담배 한 대 피우는 것을 그만두기는 어렵다. 사람들이 담배를 끊지 못하는 이유는 그 중독성도 크지만, 그와 거의 같은 비중으로 관성 때문이다. 하던 일을 안 하면 허전하니까.

기존의 관성을 끊어 내는 방법은 무엇일까? 물리학적으로는 더 큰 힘을 쏟으면 된다. 아침에 자신이 원했던 시간에 일어나기 위해서는 미적대지 말고 단번에 벌떡 일어나야 한다. 관성은 그 관성보다 더 큰 에너지를 투입할 때 깰 수 있기 때문이다. 텔레비전을 보다 보면 웬만해서는 내 의지로 끄기 힘들다. 그런데 누군가 확 꺼버리면? 그때부터는 안 봐도 된다. 이렇듯 리모컨을 들어 전원 스위치를 누르기만 하면 되지만, 그러기 위해서는 TV를 틀었던 에너지보다 더 큰 힘이 필요하다. 신라를 통일한 김유신 장군은 기생집에 출입하는 자신의 관성을 끊어내기 위해 큰 칼로 아끼던 말의 목을 쳐야 했다.

무슨 일이든 '관성'이 붙으면 '재미'가 생긴다. 그러니 새로운 것을 시작하거나 내 꿈에 한 걸음 다가가기 위해서는 그 일에 '관성'을 만들어야 한다. 그러자면 1~3레벨, 즉 초급자 레벨은 최단 기간에 돌파해버려야 한다. 그래야 재미가 붙는다. 스키를 잘 타고 싶으면 시즌권 끊어서 한 달 정도 스키장에서 살면 된다. 그러면 이후부터 누가 말려도 주말이면 스키장으로 달려간다. 기타를 잘 치고 싶은가? 기타를 손에서 놓지 말고 한 달만 살아보라. 그 다음부터는 기타를 빼앗으러 쫓아다녀야 할 거다.

펌프질을 하기 위해서는 물 한 바가지를 펌프에 넣어줘야 한다. 마중물이다. 마중물이 없으면 물은 올라오지 않는다. 관성을 만들기 위해, 그리고 지난날의 나쁜 관성을 없애기 위해 일정한 기간을 죽기 살기로 몰입하는 것, 그게 '재미'를 만들고 '열정'을 불러온다.

나를 지키는 힘, 인내

대한민국에서 가장 오랜 기간 대중들의 사랑을 받고 있는 현역 개그맨 이경규. 그에게 기자가 물었다. 그간 큰 사건 사고가 없었는데 비결이 있냐고. 대답은 간단했지만 울림은 컸다. 그가 사랑받은 기간만큼의 무게가 더해졌기 때문일 것이다.

"참으면 된다. 멱살 잡고 실랑이가 벌어져도 그냥 맞으면 된다. 치고받는 순간 얼굴 알려진 쪽이 나쁜 놈 되는 거니까."

오랜 경험에서 나온 지혜로운 처신이다. 덩치 크고 우락부락한 사람과 키 작고 호리호리한 사람이 술집에서 시비가 붙었다. 누가 이길까? 크고 우락부락한 사람? 틀렸다. 둘 중에 덜 유명하고 더 잃을 것 없는 사람이 이긴다. 세상에서 제일 무서운 사람은 잃을 것이 없는 사람이다. 그런 면에서 연예인은 화려한 스포트라이트를 받으면 받을수록 그 조명이 꺼진 뒤에는 참아야 한다. 그가 덧붙인다.

"뭐든지 주고 양보하고 포기하면 된다. 돈도 마찬가지다. 그럼 문제가 안 생긴다."

태어날 때부터 잘 참는 성격은 아니었다고 한다. 그가 방송에서 보여주는 '울컥증'만 봐도 그럴 것 같다. 그럼에도 참는 건 그게 자신을 지켜주기 때문이다. 스스로가 중요하니까, 스스로를 지키기 위해 참는 거다.

회사를 운영하다 보면 특히 나이가 어릴수록 참을성이 부족한 친구들을 많이 만나게 된다. 평소에 아무리 잘해줘도 단 한 번 내가 벌컥 야단을 치면(나는 장형이라 화낼 때는 목소리가 쩌렁쩌렁 울린다) 그 다음 날로 사표를 들고 찾아온다. 워낙 오는 사람 안 막고 가는 사람 안 잡는 스타일이라 그렇게 헤어진 직원들이 꽤 여럿 된다. 그 친구들 하는 얘기가 자신의 시간을 적성 안 맞는 곳에서 낭비하고 싶지 않단다. 그런 경우가 많다.

하지만 내가 중소기업의 인사담당자에게 들은 얘기다. 경력직 면접을 볼 때 가장 많이 보는 것이 '진득한가'라는 것이다. 1~2년 간격으로 직장을 옮긴 이력서가 가장 먼저 탈락하고 몇 달 간격으로 옮겨 다닌 경력이 있는 이력서는 바로 쓰레기통이라는 거다. 맘에 안 든다고 사표 내고 회사를 때려치우는 게 능사가 아니다. 그렇게 자주 옮겨 다니는 이에게 '기회'는 주어지지 않는다.

2567일. '깝권'이라는 별명을 가진 2AM의 조권이 연예기획사 JYP에서 연습생으로 지낸 기간이다. 그의 나이가 스물넷이니 평생의 약 3분의 1을 연습생으로 산 것이다. 8년 동안 언제 데뷔할지도 모르는 채 기다린 거다.

"처음 3년은 부모님 생각하면서 버텼다. 5년이 지나니 위기감이 들었다. 10대를 모조리 바쳤는데 이제 와서 잘리면 내 인생은 누가 책임져주나. 이거 아니면 안 된다는 생각으로 절실하게 버텼다."

그 8년의 기다림이 지금의 조권을 만들었다.

많은 사람들이 사막의 오아시스를 불과 몇 미터 앞두고 쓰러진다. 그 몇 미터를 내딛는 발걸음은 '인내'에서 온다. 세상은 참 묘하다. 참고 기다리며 성실하게 노력하는 사람은 반드시 누군가 지켜보고 있다가 도와준다.

참을 인자 셋이면 살인도 면한다 했고, 인내는 쓰고 그 결과는 달다 했다. 어느 자리에서건 빛을 내는 사람들이 그 말이 진실임을 증명한다. 영원한 홈런 타자 이승엽은 배트에 이런 말을 새겼다. "혼을 담은 노력은 결코 배신하지 않는다." 인내는 나를 배신하지 않는다.

규칙을 깨는 들이댐,
와이 낫

"지홍, 우리는 당신의 머릿속이 궁금해요. 입학해서 그 생각을
맘껏 풀어보세요."

영국 왕립예술학교에 2013년 3월 합격한 염지홍이 들었던 말
이다. 영국 왕립예술학교는 디자인 분야에서 세계 최고인 학교
다. 그런데 문제는 염지홍이 디자이너도 예술가도 아니었다는
거다. 단지 부모님이 운영하는 피자 가게를 도우며 서울시 청년
창업센터에 입주해 1인 기업을 운영하고 있었을 뿐이다. 그런 그
가 영국 명문 디자인 학교에 도전한 건 학교의 입시요강 마지막
구절 때문이었다고 한다.

"규칙을 깨라."

이 양반 원래 잘 들이대는 사람이다. 원래 싹이 보였던 청년이라는 거다. 그는 싸이보다 먼저 뜬 유튜브 스타였다. 2010년 세탁소에서 쓰는 철사 옷걸이를 이용해 즉석 독서대를 만들었고 그걸 유튜브에 올려 4개월 만에 4만 건이 넘는 조회수를 기록했다. 펜치 하나 가지고 만든 거였다.

부모님의 피자가게를 도울 때도 그의 들이대는 정신은 계속됐다. 주변 중국집, 치킨집들과 경쟁하기 위해 전단을 아예 본인이 직접 만들며 디자인을 익혔다. 가게 홍보를 위해 다짜고짜 KBS 퀴즈 프로그램에 나가 1등을 하기도 했다.

2012년에는 '펀딩'을 받아 남극을 다녀왔다. 남극 답사를 보내주는 공모전에 응모했는데 아쉽게 2등을 해서 못 가게 되자 그게 아쉬워 직접 비용을 마련한 거였다. 남극이나 경유지인 아르헨티나와 관련 있는 회사를 찾아갔더니 일거리가 있었고, 시장 조사, 샘플 전달 같은 일을 하며 스폰서를 모았다고 한다. 들이댔더니 이루어졌다.

췌장암으로 세상을 떠나기 전 감동적인 강연으로 전 세계인을 울렸던 고 랜디 포시 교수가 그의 저서 『마지막 강의』에서 이렇게 말했다.

"그냥 물어보면 돼요. 하지만 사람들은 그렇게 쉬운 일을 하지 않죠. 안 된다고 생각하기 전에 먼저 물어보세요."

가족들과 함께 디즈니랜드에 갔을 때 아이가 놀이기구의 맨 앞자리에 타고 싶어 했다고 한다. 다른 아이들은 다들 지레 안 될 거라 생각하고 아쉬워하기만 할 때 랜디 포시 교수는 안내하는 직원에게 물어보았다는 거다. "아이가 너무 타고 싶어 하는데 이 맨 앞자리에 앉으면 안 되나요?" 돌아온 대답은 '와이 낫?'이었다.

그냥 물어보면 된다. 세상을 어지럽히고 남을 괴롭히는 일이 아니라면 그냥 해보면 된다. 규칙을 깨고 관습을 깨고 들이대보는 것, '왜 안 돼?'를 외치며 해보는 것이 엄청난 삶의 근육을 키워준다.

순정만화 주인공 같은 웹툰 작가 정솔, 그녀의 필명은 '초'다. 그래서 초 작가다. 스물넷 젊은 만화가인 그녀는 홍익대 시각디자인과 3학년을 휴학 중이다. 〈내 어린 고양이와 늙은 개〉라는 웹툰으로 애묘인과 애견인들의 폭발적인 사랑을 받았고 그것을 책으로 옮긴 두 권으로 베스트셀러 작가가 됐다. 그녀는 초등학교 때부터 만화에 푹 빠져들었고 중학교 시절에는 콘티 북과 습작 노트가 자신의 키만큼 쌓이도록 그려댔다.

그러나 만화가로 데뷔하기는 어려웠고 그녀에게 허락되는 지면도 없었다. 하지만 그녀 역시 들이댐의 명수였다. '와이 낫?' 출판사를 잡기가 어려우면 그냥 내가 만들면 되지, 하는 생각으로 '1인 출판'에 도전했다. PC통신 동호회를 통해 방법을 배우고 직접 만화를 그리고 그림에 색을 입혔다. 말풍선 안의 대사는 프린트해서 채워 넣었다. 원고 분량이 어느 정도 완성되면 충무로 인쇄 골목에서 책으로 제작했다. 그걸 자신의 홈페이지에 올려 판매하거나 만화 축제에서 좌판을 깔고 팔았다. 25만 원을 들여 100권을 제작해서 권당 3000원에 팔면 5만 원이 남았다고 한다. 고등학교 1학년 때의 일이다. 수천 부도 팔아봤다고 한다. 그런 그녀가 푸념한다.

"남들은 제가 손쉽게 행운을 거머쥔 것이라고 착각해요."

그녀는 만화가가 되기 위해 동호인 행사장에서 자신이 직접 출판한 만화를 팔았다. 그리고 그녀는 이제 정식 만화가가 되어 많은 팬들의 사랑을 받는 베스트셀러 작가가 됐다. '와이 낫?'

세상의 무수한 최초, 세계 역사의 무수한 변화는 규칙을 깨는

들이댐, '와이 낫'으로 만들어졌다. 시선을 바꾸면 온 세계가 새로워진다. 들이대는 이에게 운명은 상상할 수 없이 거대한 선물을 준다. 들이대라.

리얼 스펙
12

편견 없는 경청과 호기심,
보물찾기

　'포드주의'를 만든 헨리 포드. 그는 자동차 조립 공장에서 노동자들이 작업하는 방식을 유심히 관찰했다. 노동자들은 이리저리 자리를 옮겨가며 자동차를 조립하고 있었다. 좀 더 쉽게, 좀 더 생산성을 높일 수 있는 방법이 있을 것 같았다. 그때 시카고의 도축장이 떠올랐다. 도축장에서는 도축된 고기가 한 칸씩 옆으로 움직이며 분해되어 마침내 판매용 고기가 됐다. 그걸 포드는 자동차 만드는 데 응용했다. 사람이 아니라 조립 라인을 움직이게 했다. 노동자들은 한 자리에서 분업화된 작업을 할 수 있게되었다. 노동 생산성은 혁신적으로 튀어 올랐다. 노동의 소외를 만든 주범으로 욕을 먹기도 하지만 어쨌든 포드는 이 방식으로 놀라운 생산성 혁신을 이뤄냈다.

세상을 바꾸는 놀라운 혁신, 이를 보물이라고 한다면 그 보물은 편견 없는 경청과 관찰에서 시작된다. 사람들은 자신의 프레임에 갇힌 채 다른 사람의 이야기를 듣고, 세상 돌아가는 일을 본다. 과거의 프레임으로 세상을 보는 사람에게 '기회'라는 이름의 천사는 눈에 띄지 않는다. 과거의 눈으로 보면 세상을 바꿀 혁신은 우스워 보이기 때문이다.

영국의 레코드 회사 데카 레코드의 마이크 스미스는 리버풀에 있는 한 밴드에게 꽂혀 런던에서 리버풀까지 그 밴드의 무대를 보러 갔다. 괜찮았다. 키워보고 싶었다. 그래서 다음 해 오디션에 초대했다. 그 그룹은 런던 데카 레코드 스튜디오에서 2시간 동안 열다섯 곡을 연주했다. 하지만 이 회사의 신인 발굴 담당자는 '음악이 마음에 안 든다'며 그들을 거절했다. 그 밴드는 어쩔 수 없이 EMI 레코드와 계약했고 역사상 가장 인기 있는 밴드가 됐다. 비틀즈다. 데카 레코드는 결국 EMI 레코드의 하청 업체가 되고 말았다.

1981년 유니버셜 스튜디오는 초콜릿 엠엔엠스(M&M's)로 유명한 마즈의 담당자를 초청했다. 신작 영화에서 엠엔엠스로 PPL을 하고 싶다고 했다. 하지만 마즈의 형제 오너들은 그 제안을 거절했다. 제안을 거절당한 유니버설 스튜디오는 허쉬와 교섭해서 리세스 피스(Reese's Pieces)라는 초콜릿으로 계약을 했다. 이후 영화가 개봉되자 리세스 피스 초콜릿은 2주간 매상이 세 배로 뛰었고 그 뒤로도 수개월간 폭발적인 매출을 기록했다. 당시 책임자였던 잭 두두는 이렇게 말했다. "단번에 신제품이 세상에 알려지게 되었다. 광고를 통해 알리려 했다면 2억 달러 이상 들었을 것이다."

당연히 그럴 만했다. 그 영화는 스티븐 스필버그의 〈이티〉였고, 초콜릿은 주인공 소년과 이티가 친해지는 계기가 되는 중요한 장면에 활용되었기 때문이다. '이티가 좋아한 과자'가 폭발적으로 팔리는 건 당연하지 않았을까?

귀를 열고 듣는 것은 쉽다. 그러나 마음을 열고 듣는 것은 어렵다. 눈을 뜨고 보는 것은 쉽다. 그러나 편견 없이 보는 것은 어렵다. 마음은 열고 편견은 버려야 '보물'이 내게로 온다. 이탈리아 밀라노의 커피숍에서 커피숍 체인화 사업 모델을 발견하고 구상한 하워드 슐츠는 스타벅스를 창업했다. 제록스에 초청되었던 스티브 잡스는 제록스의 그래픽 유저 인터페이스에 대한 설명을 듣고 그 아이디어를 '훔쳐' 매킨토시를 탄생시켰다(그의 젊은 시절 모토는 '위대한 예술가는 훔친다'였다). 지금처럼 마우스를 활용해 컴퓨터를 조작하는 방식은 그렇게 만들어졌다. 그 전에는 일일이 명령어를 문자로 입력해야 하는 '문자 입력 방식'이었다.

역사를 바꾼 혁신은 그렇게 만들어졌다. 포드, 슐츠, 잡스 등등은 모두 편견 없이 세상을 볼 줄 알았고, 나와 그다지 관련이 없어 보이는 것에도 '호기심'을 가지고 살폈다. 그리고 그 안에서 지금까지와는 확연히 다른, 어마어마한 보물을 발견했다.

하늘 아래 새로운 것은 없다. 편견 없는 어린아이의 눈과 귀를 가지고 세상을 바라보면 도처에 기회가 흘러가고 있음을 깨닫게 된다. 그럴 때 동그라미 하나에서 훌라후프라는 아이디어를 떠올리게 되고, 강변 갈대숲에서 빨대라는 아이디어를 떠올릴 수 있게 된다.

행운과 기회를
불러들이는 능력, 즐김

서른여섯 살 '춤추는 여행가' 매트 하딩의 직업은 세계의 유명한 명소들을 다니며 그곳에서 자신이 개발한 막춤을 추고, 그것을 찍어 유튜브에 올리는 것이다. 별것 아닌 것처럼 보여도 그가 유튜브에 올린 동영상들은 조회수가 자그마치 8000만이 넘는다.

그가 고백한 계기는 정말 '우연'이었다. 게임 프로그래머였는데 2003년 일을 그만두고 세계 여행을 떠났다. 피가 튀고 폭력이 난무하는 게임을 만드는 데 질려버렸기 때문이다. 여행 중 베트남 하노이에 머물 때였다. 미국에 있는 가족과 친구들을 위해 동영상을 찍어 보내고 싶어졌다. 이왕 찍는 것 좀 더 특색 있게 찍고 싶어서 막춤 추는 모습을 찍었다. 하다 보니 재미가 생겨서 가는 나라마다 명소에서 찍어 보냈다. 친지들이 받아 보니 그의 영상이 너무 재미있어서 유튜브에 올렸다. 그런데 바로 그게 대박이 터졌다. 여러 기업들이 후원 제의를 해왔다. 우리나라 카드 광고에서도 그를 볼 수 있었다. 그렇게 명소를 돌며 찍던 막춤 동영상은 이제 진화해서 그곳 사람들과 함께 춤을 춘다. 르완다에서, 부탄에서, 또 어딘가에서 그 나라의 평범한 사람들과 함께 춤추며 동영상을 찍는다.

그는 디퍼런트했다. 남들 안 하는 일을 했으니까. 그리고 즐겼다. 자신을 충전시키기 위해 멈출 줄 알았고, 떠날 줄 알았다. 삶을 즐기는 그의 태도가 지금의 그를 만들었다.

세상의 기회는 그렇게 온다. 오만상을 찌푸리고 자기 자신을 소진시키며 허덕거리는 사람에게보다는, 마음을 열고 온 세계와 우주를 받아들이려 하는 마음가짐에게로 '우연'이라는 이름의 기회와 행복이 안겨드는 것이다.

일상의 가장 작은 하나를 즐길 줄 아는 마음을 길러라. 그 마음씀씀이가 당신에게 '거대한' 결과를 가져다줄지도 모른다. 아니 바로 그것만이 결과를 가져다준다.

나만의 은밀한 동력, 의식

박찬호 선수가 메이저리그에서 활약할 때 TV 중계에서 꽤 많
이 볼 수 있었던 장면이, 미국 선수들이 홈런을 치고 홈플레이트
를 밟을 때 가슴에 성호를 긋고 손가락으로 하늘을 가리키는 모
습이다. 종교적인 의식이었겠지만, 내 주변에도 그걸 흉내 내는
친구들이 꽤 있었다. 나는 이상하게도 그 모습이 좋았다. 멋있어
보이기도 하고 그런 행동이 뭔가 무척 진지한 느낌을 주었다. 또
우리나라 이종욱 선수는 타석에 들어서면 왼손으로 오른쪽 어깨
부근의 옷을 추스르며 오른손으로는 배트를 천천히 돌린다. 그
모습을 보며 나도 저런 '의식'이 필요하겠다는 생각을 하게 됐다.

내가 내 인생의 주인공이고 싶어서였다. 내 주변에는 내 행동을 빈정대는 사람들이 꽤 많았다. 나를 사랑하는 가족 중에도 있었고, 친구나 동료 중에도 있었다. 악감정을 가지고 하는 말은 아니지만 그게 사람을 위축되게 만든다. 내 경우 많은 사람들이 자존감이 높은 축에 속한다고 평하는데도 그랬다. 머리에 무스라도 바르려 하면 '네가 영화배우인 줄 아냐'며 말렸다. 조금만 난한 색의 옷을 입어도 '연예인이냐'며 비아냥댔다. 그게 반복되다 보니 내가 하는 매일의 일상이 너무도 무가치하게 여겨졌다. 그래서는 안 되는 거였다. 세상의 중심은 뭐니 뭐니 해도 나여야 했다. 내 일상이 무가치하다면 나를 둘러싼 그 어느 누구의 그 어떤 행동도 중요한 건 없었다.

그때 내 나름의 '의식'을 만들었다. 이를테면 아침에 출근하면서 핸들을 잡으면 나는 자동적으로 '오늘 하루를 주셔서 감사합니다'라는 말을 읊조린다. 핸들, 아, 핸들은 틀린 말이다, 스티어링 휠, 이 스티어링 휠을 가리켜 난 '감사 핸들'이라고 부른다. 이렇게 나는 내 하루에 의미를 부여했다. 물론 잠자기 전에도 내 나름의 '의식'이 있다. 쉽다. 침대에 누워 복식호흡을 하면서 정말 내가 원하는 것을 상상하는 것이다. 아직까지 물욕이 마음을 떠나지 못해 주로 갖고 싶은 물건들이지만 말이다. 이 밖에도 나는 꽤 많은 '의식'을 가지고 있다.

그런데 놀랍게도 이런 '의식'들을 행하면서 내 하루하루에 의미가 생기기 시작했다. 처음에는 장난처럼 뭔가 시작하기 전에 내 나름의 '의식'을 행하고, 밥 먹기 전에도 내가 개발한 감사의 의식을 치르면서 별것 아닌 일을 매우 중요한 일인 양 했다. 남들이 뭐라고 하든 상관없이 그냥 했다. 그러자 놀라운 일이 벌어졌다. 내가 나를 존중할 수 있게 되었다.

이건 무척 중요한 일인데, 새삼스런 것이 아니다. 나와 그리 밀접하지 않은 정치적 사건을 기억하거나 유명한 소설가, 유명한 음악인, 인기 있는 개그맨이 무엇을 어떻게 했는지를 기억하는 것으로 인해 내 삶에 의미가 생기는 것은 아니다. 오히려 그런 것쯤은 대수롭지 않게 취급하는 게 좋다. 정말 중요한 것은 내가 하루하루 하는 일들에 어떻게 의미를 부여하느냐니까.

옛사람들은 '축제'를 통해 삶에 의미를 불어넣었다고 한다. 내 이야기가 아니라 김정운 교수의 말이다. 우리가 지내는 설날, 추석 같은 명절도 화살처럼 흘러가는 시간을 붙잡아두기 위함이고, 그것을 통해 시간에 의미를 부여하는 행동이라는 거다.

이 의식의 효용은 추상적인 데 머물지 않는다. 더 큰 효용이 있다. 그게 뭐냐면 하기 싫은 일을 할 때 참 좋다. 운동하기 싫은 사람이 있다면 운동하는 시간에 특정한 '의식'을 부여해보라. 꾸준히 할 수 있게 된다. 매일 반복해야 하지만 반복하기 어려운 일에 의식을 부여하면, 마치 이슬람 신도들이 하루 다섯 차례씩 드리는 기도처럼 꾸준히 반복할 수 있게 된다.

이런 의식을 '리추얼'이라고 한다. 리추얼이 생각마저 바꾼다는 것은 과학적으로도 어느 정도 밝혀져 있다. 로버트 듀톤과 아서 아론이라는 심리학자가 실험을 했다. 카필라노 강 위에 있는 두 개의 다리 위에서 설문 조사를 했다. 한쪽 다리는 몹시 흔들리는 60미터 상공의 흔들다리, 다른 하나는 3미터 높이의 콘크리트 다리였다. 각각의 다리 위에서 연구 보조자들이 다리를 건너는 젊은 이성에게 설문지 작성을 부탁했다. 그리고 결과가 궁금하면 전화하라고 전화번호를 알려줬다. 결과는 놀라웠다. 흔들다리 위에서 설문에 응한 사람 중 거의 50퍼센트가 전화를 걸어왔다. 하지만 콘크리트 다리에서 응한 사람 중에선 12.5퍼센트만이 전화해왔다. 설문하는 당시에도 흔들다리를 건너던 사람이 더 많이 설문에 응해줬다. 이 결과는 다음과 같은 사실을 말

해준다. '몸이 가면 마음도 간다.'

게일 톰과 그의 동료들도 비슷한 실험을 했다. 120명의 실험 참가자들을 반으로 나누어 한쪽은 고개를 끄덕이며 신제품에 대한 품평을 요구했다. 나머지 한쪽은 고개를 좌우로 절레절레 흔들며 신제품에 대한 품평을 요구했다. 결과는 예상대로 고개를 끄덕이며 신제품을 품평한 쪽이 훨씬 제품에 대해 긍정적이었다. '몸이 가면 마음도 간다.' 책상만 정리해도 일할 마음이 생긴다. 그런 거다.

소녀시대나 2PM의 일상만 의미 있는 게 아니다. 연예인들이 어디서 자고 어디서 먹으며 무엇을 좋아하는지 이제 그만 궁금해하자. '사생' 뛸 필요도 없다. 대신 우리들의 일상을 의미 있게 만들 은밀한 '의식'을 준비하자. 우리의 목표와 꿈에 관련된 모든 행동에 '의식'을 부여하자. 장담컨대 삶이 풍요로워지고 의미 있어 진다. 그리고 지속할 수 있게 된다.

디지털 시대의
물고기 잡는 법, 책 읽기

자식을 진짜 사랑한다면 물고기를 주는 대신 물고기 잡는 방법을 알려주라는 말, 많이 들어봤을 거다. 옛날에는 '물고기 잡는 방법'을 알려줬다면, 요즘 같은 세상에서는 어떤 방법이어야 할까? 스마트폰과 태블릿 PC의 등장으로 디지털, 정보통신 분야가 각광받는 시대다. 왠지 그쪽 기술을 가르쳐야 자식이 번영할 것 같다. 그럼에도 세계의 리더들은 다른 처방을 내놓는다. 그 처방이 바로 '책 읽기'다.

수많은 젊은이들의 멘토인 안철수. 그의 독서 사랑은 엄청나다. 어떤 일을 시작할 때는 그 분야에 해당되는 책을 수십 권 읽은 다음에 착수한다는 사실은 잘 알려져 있다. 엘리베이터 앞에 서 기다리는 몇 분이 아까워서 항상 책을 들고 다니다가 그 시간에 책을 읽는다고 한다. 그냥 '책벌레'였고, 지금도 책벌레다.

스물아홉에 억만장자가 된 빌 게이츠는 어땠을까? 어렸을 때부터 읽을 수 있는 것은 뭐든 닥치는 대로 읽는 책벌레였다. 일본 정보통신 업계를 '천하통일'한 손정의 소프트뱅크 대표는? 간염으로 병원에 입원해 있는 동안 4000여 권의 책을 독파했다고 한다. 정보통신, 디지털 업계가 이러한데 다른 분야는 말할 것도 없다. 이들이 이토록 책을 열심히 읽는 이유는 바로 책 읽는 것이 요즘 시절의 '고기 잡는 방법'이기 때문이다.

조금 더 자세히 살펴보자. 왜 젊은 청년들의 취업이 어려운 걸까. 여러 가지 변수들이 많겠지만 전문가들이 입을 모아 내놓는 대답 중에 이런 게 있다. "이제 노동의 성격이 바뀌었다!" 이게 무슨 말일까. 설명하면 이렇다.

과거에는 사람들이 손과 발을 써서 하던 일들도 지금은 자동화된 기계들이 대체하고 있다. 거리를 비질하는 수십 명의 청소부 아저씨들 대신 도로 청소용 자동차 한 대를 도입하면 장비 운전자 한 명만 있으면 된다. 잡초를 뽑는 수십 명의 아주머니들 대신 전동 제초기 한 대의 생산성이 더 낫다. 앞으로 손과 발을 써서 하는 일들은 정부에서 실업률을 낮추기 위해 억지로 투입하는 경우가 아니면, 대다수 자동화 기계의 몫이 될 거다.

또 과거에는 머리를 써서 하는 일 중에 반복적이고 기계적인 일들도 있었다. 그건 컴퓨터가 대신 하게 된다. 멀리 갈 것도 없이 집에서 가계부를 쓸 때도 예전에는 계산기 들고 일일이 더해서 장부를 맞췄지만 지금은 엑셀과 같은 스프레드시트가 그 일을 대신한다. 은행 창구업무가 ATM으로 대체되고 있는 것과 마찬가지다. 거기서 더 나아가 인터넷뱅킹, 모바일뱅킹 등등으로 더더욱 진화해나가고 있다. 직업 파괴적인 방향으로 산업이 발전하고 있는 거다. 이 방향의 옳고 그름을 이 책에서 논할 수는 없다. 그런 변화에 대한 우리의 자세에 대해서만 이야기해보자.

그럼 뭐가 남나? 단 두 가지다. 인간의 두 가지 능력을 활용하는 일들이다. 하나는 창조적으로 생각하는 능력을 활용하는 일, 다른 하나는 인간관계 능력을 활용하는 일이다. 미국 노동부장관 출신의 로버트 라이시는 이런 일을 잘 수행하는 사람들을 가리켜 '긱(Geek: 괴짜)'과 '슈링크(Shrink: 남의 속을 꿰뚫어보는 사람)'라고 표현했다. 좀 더 쉽게 말하면 '스티브 잡스'와 '오프라 윈프리'로 대표되는 일들일 거다.

결국 창의력과 통찰력이 앞으로의 경쟁력이 된다는 얘기다. 문제는 이 두 가지 능력은 뭔가 지식을 달달 외워서 얻어지는 능력이 아니다. 그럼 어디서 얻나? 전 세계에서 가장 많은 노벨상 수상자를 배출한 시카고 대학에서 힌트를 찾을 수 있지 않을까. 시카고 대학은 이 대학 1학년생이라면 누구나 100권의 인문 교양 도서를 읽도록 강제하고 있다. 이름 하여 '시카고 플랜'이다. 인류의 지혜가 고도로 농축된 인문 교양 도서를 읽으면서 만들어진 창의력과 통찰력이 경쟁력이 됐다고 여겨진다.

책은 그 안에 수많은 가능성의 씨앗을 품고 있다. 또 책과 책이 한 사람의 머릿속에서 서로 엉키면 지금까지 없던 새로운 생각이 번개처럼 튀어 오를 수 있다. 게다가 가장 경제적인 지혜와 생각과 경험의 습득 방법이다. 틈틈이 위로와 재미와 새로운 삶의 방식을 얻는 것은 책이 주는 어마어마한 덤이다. 지금까지도 책 읽는 사람이 세상을 이끌어왔지만, 앞으로는 더더욱 '읽는 자(reader)'가 '이끄는 자(leader)'가 되는 시절이 될 것이다.

나는 어린 친구들을 보면 항상 '서점'과 '교회'를 잊지 말라고 한다. 살다가 정말 피치 못한 사정으로 나락에 떨어졌을 때, 그래서 한 끼 밥이 아쉬울 때면 교회를 찾아가라고 한다. 그러면 적어도 굶어 죽지는 않는다. 서점을 잊지 말라고 한 건, 책이 우리의 '전환 능력'을 키워주기 때문이다. 도서관도 좋다. 어떻게든 책을 읽어야 한다.

앞으로의 시절은 한 직장에서, 한 가지 직종으로 평생을 살기 어려운 시절이다. 전직과 전업이 지속적으로 이뤄지는 시절이 될 거다. 특정 종류의 직업이 생겨났다 사라지는 속도가 무척 빨라졌기 때문이다.

현재 대한민국에는 1만 개가 넘는 직업군이 있다. 하지만 우리 머릿속에 있는 직업의 개수는 스무 개를 넘지 않는다. 못 믿겠으면 한번 적어보라. 직업군이 많다는 것은 달리 말해 우리가 살면서 전혀 새로운 분야에 적응해야 하는 일이 자주 생길 것이라는 뜻이기도 하다. 그때 가장 유용한 지식과 지혜는 책에 있다. 책이 모이는 서점이나 도서관을 자주 드나들면 새로움의 방향과 그에 적합한 적응 지식들을 익힐 수 있다. 책은 그렇게 우리의 전환 능력을 키워준다. 그런 의미에서도 책 읽기는 '물고기 잡는 방법'이다.

그러니 책, 무조건, 절대적으로, 읽어야 한다.

성과를 부르는 간절함,
진정성

"진정성 있는 땀방울은 배신하지 않습니다. 희망과 진정성을
갖고 일을 대하면 성공은 저절로 따라오기 마련입니다."

감독 재직 18년 동안 열여섯 번 우승을 일궈낸 삼성화재 신치
용 감독. 그는 자신의 성공 노하우가 '진정성'이라고 말했다. 진
정성 있는 사람은 일단 언제든지 신뢰할 수 있다고 했다.

"훈련을 할 때도 머리가 아니라 가슴으로 해야 합니다. 머리만
가지고 훈련을 하면 속된 말로 꾀만 부리게 되는 거죠. 감독이
있을 때만 하는 척하고 없을 때는 그냥 대충 한다고 할까요? 훈
련 하나를 할 때도 팀과 내 동료를 위해서 최선을 다하려는 마음

가짐이 필요합니다."

이 '진정성'이라는 거, 분명 별거 아닌 것처럼 보이지만 종국에는 큰 힘을 발휘한다. 정말 '뜨고 싶다'는 간절한 마음이나, 꼭 부모님을 행복하게 만들어드리겠다는 간곡함은 그런 마음으로 만든 물건에 새겨진다. 그걸 우리는 '영물'이라고 한다. 물건은 만든 사람의 마음을 담고 있다. 공장에서 대량으로 찍어낸 물건에 그런 에너지가 담기긴 어렵다. 정말 한 땀 한 땀 온 맘과 온 정성을 다한 제품은 '영물'이 되어 손님을 제 스스로 부른다.

서울풍물시장에서 의류 매장을 운영하는 신범순 할머니. 70세의 나이에도 컴퓨터를 배워 인터넷 쇼핑몰을 직접 운영한다. 한번도 컴퓨터를 만져본 적이 없었지만 "모르면 선생님에게 전화하고 그래도 안 되면 상인회에서 같이 공부하는 사람을 찾아가 배우면서 인터넷 장터에 제품을 올렸다"고 한다. 정말 될까 의심했는데 제품이 하나씩 팔리는 기쁨에 잠을 설칠 정도였다고 한다. 그녀가 말한다.

"인생의 기회는 간절히 원하는 사람에게만 와요. 지금 어려운 시기에 처해 있더라도 고개 숙이지 말고 열린 가능성에 도전하세요."

보통 어려움에 처하면 사람들은 남 탓, 세상 탓하느라 정작 내 제품, 내 서비스에 기울이는 정성을 줄인다. 그러나 그와 정반대로 해야 한다. 불황이 닥치고 어려움에 처할수록 내가 하는 일 하나하나, 요소요소에 더 정성을 기울여야 한다. 그래야 그 제품과 서비스가 어느 날 영물이 되어 복을 몰고 돌아오는 거다. 그게 1년이 될지, 5년이 될지, 10년이 될지는 아무도 모른다.

"정말 좋은 노래는 이렇다 할 홍보 없이도 저절로 진가를 발휘하더군요. 실제로 '한계령', '사랑 그 쓸쓸함에 대하여' 같은 제 대표곡들은 유명세를 타기까지 꼬박 7년이 걸렸어요."

우리 곁에 늘 한결같은 가수로 남아 있는 양희은의 말이다. '정말 좋은 노래는 이렇다 할 홍보 없이도' 사람들의 사랑을 받는다. 아무 이유 없이 운이 좋아서 '대박'이 나는 경우는 없다.

대부분의 대박은 그동안 그 사람이 쌓아놓은 '덕'을 일시에 되돌려 받는 것이다. 그리고 그렇게 주어진 기회를 살리느냐 못 살리느냐는 그 사람 책임이다.

우리는 일을 하건 사랑을 하건 아니면 하다못해 마당에 꽃씨를 심건, 온 정성을 다해야 한다. 왜냐하면 거기서 나올 결과는 거기에 기울인 진정성에 달려 있기 때문이다.

세상에서 가장
특별한 사람, 나

그의 아버지는 알코올 중독자였다. 늘 술에 취해 어머니를 때렸다. 어머니는 그가 다섯 살 때 두 살 위 누나를 데리고 집을 떠났다. 형편이 어려워 딸만 데려갈 수밖에 없었다. 아버지는 결국 병이 나서 2009년 요양병원으로 들어갔고 그는 정부 보조금 58만 원을 받으며 일흔셋의 할머니와 살았다.

아이들은 어른보다 악랄하다. 그의 사정을 안 친구들이 '아빠는 노숙자고 엄마는 집 나갔다'며 놀리고 소문을 냈다. 중학교 1학년 여름 또다시 아버지를 들먹이며 놀리는 친구에게 주먹을 휘둘렀다. 담임 선생님은 그에게만 매를 들었고 그는 '히키코모리(골방형 은둔자)'가 되어 방에 틀어박혔다. 세상이 싫었고 모두가 싫었다. 그렇게 그는 3년간 집에 틀어박혔다.

2011년 6월 남대문 지역 상담센터의 사회복지사들이 그의 집을 찾았다. 틀어박혀 있는 그에게 물었다. 뭐가 되고 싶니? 눈을 마주치지 않으며 그가 우물우물 답했다. PC방 알바……. 상담센터 직원들이 진심으로 그를 설득했다. 네가 얼마나 소중한 사람인지, 얼마나 많은 일을 할 수 있는 사람인지 알아야만 해. 그냥 한번 해보는 말이 아니었다. 상담센터 전익형 실장과 직원들은 10여 차례 이상 그를 설득했다. 2011년 12월, 마침내 그는 집을 나와 상담센터로 갔다.

그리고 2013년 3월 4일, 그는 강원도 영월 세경대학교 경찰경호학과에 입학했다. 당당히 대학생이 된 것이다. 집을 나와 상담센터로 갔던 그는 상담센터 직원들의 정성어린 돌봄을 통해 자신이 얼마나 소중한 사람인지를 깨달았다. 그러자 그의 하루가 달라졌다.

오후 7시부터 10시까지 마포구 합정동의 대학생 무료 야학에서 국어, 영어, 수학 수업을 들었고 오전 9시부터 오후 5시까지는 상담센터에서 예습·복습을 했다. 그는 공부를 시작한 지 6개월 만에 고입 검정고시에 합격했다. 그리고 2개월 후 대입 검정고시도 패스했다.

자신의 소중함을 깨달은 그에게 거칠 것은 없었다. 초고속으로 고입·대입 검정고시를 패스한 그는 결국 또래보다 1년 일찍 대학에 입학했다. 등록금이 문제였지만 뜻이 있으면 언제나 길은 있는 법, 그가 다니는 녹번동 염광교회와 롯데 장학재단, 그리고 상담센터에서 이야기를 전해 들은 한 독지가가 학자금을 대줬다. 쪽방촌 외톨이 임세진의 이야기다.

그런 그가 말한다. "자포자기한 채 쪽방 안에 숨어 있는 저 같은 아이들에게 말하고 싶어요. '안 해봐서 모르는 것이다. 누구나 할 수 있다'고요."

5집 앨범 〈모노크롬〉을 내며 3년 만에 복귀한 섹시 디바 이효리. 그녀는 지난 4집 때 수록곡 절반이 표절곡이라는 논란에 휘말리면서 활동을 접어야만 했다. 그 이후 폐인처럼 술만 마시다 지인의 권유로 정신과 상담을 받았다고 한다. 그리고 그런 과정을 통해 그녀는 지금까지 그녀의 삶이 '남에게 보여주기 위한 삶'이었고 '막상 자신을 사랑하지 않았음'을 절실하게 깨우쳤다. 그리고 자신이 진짜로 원하는 게 뭔지 찾기 시작했다. 동물보호

운동에 앞장서는 채식주의자가 되었다. 훨씬 더 여유로워졌고, 5집 앨범을 통해 아이돌 이효리가 아닌 아티스트 이효리로 인정받게 되었다. 자신을 진정으로 사랑하고 받아들이게 되면 세상을 보는 관점이 바뀌고 모든 것이 바뀐다. 100가지 힐링 요법보다 낫다.

세상에서 가장 강하고 중요한 리얼 스펙을 꼽으라면 나는 '자기 자신의 소중함 깨닫기'를 꼽는다. 이걸 깨달은 사람은 시간을 함부로 낭비할 수 없고 자기 자신을 구렁텅이에 빠트릴 수 없다. '자포자기'의 늪에서 빠져나오는 가장 빠른 방법은 바로 자기 자신을 사랑하는 것이다. 혜민 스님은 그래서 '내 안의 고통에 먼저 귀 기울이세요'라고 말한다. 봄 햇살 같은 따뜻한 관심이 자기 자신을 비추면 표출하지 못했던 아픔이 서서히 풀어지고 비로소 다른 이들의 고통을 헤아릴 수 있는 마음이 된다고 전한다. 자기 자신을 사랑하기 전에는 누구도 사랑할 수 없기 때문이다.

눈부신 자기 자신의 소중함을 깨닫고 스스로를 사랑하는 것, 그것은 분명한 능력이며, 최고의 리얼 스펙이다.

제3부

나의 길을
가리키는 북극성,
벡터

나에게는 어떤 철학이 있는가?

철학은 힘이 세다. 사람들은 철학이라고 하면 소크라테스나 플라톤, 스피노자, 헤겔 같은 철학자들을 떠올린다. 쉬운 것을 배배 꼬아 어렵게 말하는 것이라 생각하는 사람도 많다. 대다수의 사람들에게 철학은 '어렵고 재미없는 것'이라는 인상이다. 맞다. 오랜 시간 책을 써온 나에게도 철학은 어렵고 재미없는 것이다. 그래서 그런 철학은 잘 모른다. 데칸쇼(데카르트, 칸트, 쇼펜하우어를 붙여서 우리 시대에는 데칸쇼라고 했다. 철학을 이렇게 불렀다. 좀 어려운 이야기 하면 지금 '데칸쇼'하냐? 뭐 이런 식이었다)를 이야기하려는 건 아니다. 대신 흔히 사람들이 '개똥철학'이라고 부르는 것에 관해 이야기하려 한다.

　서점에서는 유명한 사람, 성공한 사람, 돈을 많이 버는 사람, 올림픽에서 금메달 딴 사람, 이런 저런 이유로 유명해진 사람의 책이 잘 팔린다. 아마 사람들은 본능적으로 성공한 사람의 이야기에 끌리는 모양이다.

　당연하다. 예전부터 대학 입시에 수석한 사람 책은 잘 팔렸다. 어떻게 공부했나 궁금하니까. 젊은 나이에 큰 부자가 된 사람의 책도 잘 팔렸다. 어떻게 돈을 벌었나 정말 궁금하니까. 당당하게 기업을 일군 기업인의 책도 잘 팔렸다. 그 사람의 책을 읽으며 리더십과 사업 노하우를 배우고 싶으니까. 대부분의 베스트셀러들은 그런 사람들의 책이다.

　그래서 당연히 대중을 상대로 강연을 하고 책을 쓰는 사람은 새롭게 나타나는 '뜨는 사람'에 대해 관심이 크다. 대중은 그런 사람의 이야기에 관심을 기울이기 때문이다. 안철수 교수가 그랬고 혜민 스님이 그랬다. 그런 이유로 나는 신문이나 잡지를 보면 다른 어떤 기사보다도 '인물'에 대한 기사가 먼저 눈에 들어온다. 원래부터 인터뷰 기사를 읽는 것을 재밌어하기도 했지만, 요즘 어떤 사람들이 잘나가는지를 알아야 하는 직업적 요구도 컸다. 그렇게 하루에 대여섯 가지의 신문을 넘기며 인터뷰 기사들을 찾아 읽고 메모하는 버릇이 들었다. 그 과정에서 주식 투자로 큰돈을 번 사람의 이야기, 파산했지만 그 대신 삶과 인생을 얻은 사람의 이야기 등등을 다양하게 만날 수 있었다.

그렇게 사람들을 한 명 한 명 챙겨가다 보니 아주 상식적이지만 놀라운 점을 발견할 수 있었다. 어떤 분야에서건 우뚝 서서 자기 자리를 찾은 사람, 기업을 일군 사람, 새로운 분야를 창시한 사람, 감동을 주는 사람 등등 무언가 이루어서 내 마음에 파문을 일으키는 사람에게는 그 사람만의 '철학'이 있었다. 그리고 그 '철학'이 삶의 차이를 만들어 내는 것을 느낄 수 있었다.

똑같이 구두를 만들어 파는 회사라도 100만 명에게 자사의 구두를 신기겠다는 포부가 있는 회사와 100명에게 평생토록 사랑받겠다는 회사가 공존했다. 어느 쪽이 낫다고 말할 수 없다. 그 둘은 모두 소중하고 사람들에게 영향력을 미친다.

문제는 철학이 없는 경우였다. 그 경우 환경과 주변 사람들에게 끝도 없이 흔들린다. 그래서 100명에게 평생토록 사랑받겠다는 철학으로 만든 구두를 100만 명에게 팔려고 시도한다. 그리고 사람들에게 외면받고 사라져간다. 개인이든 기업이든 성공하려면 철학이 필요하다.

미국에 옥소라는 기업이 있다. 주방용품 회사인데 이 회사, 좀 특별하다. 직원 70명 중 디자이너는 한 명도 없는데 180여 차례나 디자인상을 수상했다. 이런 거 있으면 편하겠다 싶은 건 대부분 옥소가 만들어 놓았다. CEO인 앨리스 리의 철학 덕분이다.

"우리는 어떤 물건에서든 아주 작은 불편함을 찾아내고 해결해서 '좋은 물건'이 '더 좋은 물건'이 될 수 있도록 개선하는 해결사다."

이런 철학을 바탕으로 옥소의 직원들은 사소한 불편을 찾아 헤매고 불편을 마주치면 매달려 해결책을 찾아낸다.

패스트푸드 식품점인 인앤아웃 버거의 철학은 숫자 4에 집약되어 있다. 복잡성을 줄이고 단순함을 유지하기 위해 인앤아웃 버거의 제품군은 4종류(버거, 프렌치프라이, 쉐이크, 소다)로, 점포 인테리어 색깔은 4색(빨강, 노랑, 회색, 흰색)으로, 매장 직원과 계산대는 4명과 4개를 각각 원칙으로 한다. 이를 통해 인앤아웃 버거는 재료 구매, 제품 제작, 고객 서비스 등등 각 부문의 역할이 훨씬 명확해지고 구매나 관리 비용을 훨씬 낮출 수 있었다고 한다. 그 결과 인앤아웃 버거의 매출 성장률은 업계 평균의 두 배,

영업 이익률은 20퍼센트에 이르게 되었다.

기업이 공유하는 철학은 그들 '창의력의 원천'이자 '효율성의 핵심'이 된다. 그래서 철학은 힘이다. 강한 힘. 개인이건 기업이건 일가를 이루기 위해서는 확고한 철학이 필요하다.

2012년 초글로벌 제네릭 제약회사 한국산도스의 대표로 취임한 박수준 사장. 20여 년간 제약 영업자로 살아온 박 사장은 그의 첫 직장인 화이자 시절부터 타의 추종을 불허하는 최고의 영업맨이었다. 6년 동안 단 한 번도 영업왕 자리를 놓친 적이 없었다. 그를 영업왕으로 만든 비결은 바로 '말하는 영업'이 아닌 '듣는 영업'이었다.

"주 고객인 의사 선생님에게 우리 제품이 좋다고 나열하기보다, 오히려 제품에 대해 묻고 배움을 요청했던 게 좋은 인상을 남겼습니다."

그랬을 것 같다. 의사들에게는 늘 수십 명의 제약회사 영업자들이 달라붙어 자기네 회사의 제품을 써달라고 부탁하고 매달리기 일쑤다. 당연히 피곤할 수밖에 없다. 게다가 의사들은 가르치는 것을 좋아하지 누군가의 설명을 듣는 것을 생리적으로 싫어한다. 주변에 아무나 의사가 있다면 실험해보라. 아마 2시간 동안 떠들 수 있는 의사들은 많아도 30분의 설명을 인내심 있게 들어줄 의사는 거의 없을 것이다. 그게 의사들의 직업적 특성이다.

"회사에서 제품에 대해 배웠는데 이해가 안 가니 가르쳐달라."

그는 고객인 의사들에게 이렇게 부탁했다. 대신 자사 제품에 대한 설명은 프레젠테이션 자료를 보여주는 것으로 대신했다. 그러자 의사들은 마음을 열었다. 박수준 사장이 별말 하지 않더라도 그가 찾아가면 편하게 대했다. 마음이 통하는 것 같다는 이야기도 자주 들었다.

우리는 보통 '영업맨' 하면 말을 잘하고 많이 하며 활달한 성격일 것이라 오해한다. 그러니 1992년 박수준 사장이 화학공학과를 졸업하고 제약회사 영업사원으로 취직했을 때 사람들은 그가 영업사원으로는 경쟁력이 별로 없다고 생각했다. 그러나 그것은 착각이었다. 그해 말 전체 영업사원 중 실적 1위에게 주어지는 '영업왕'의 영예가 바로 박수준 사장에게 돌아갔기 때문이다.

우리는 흔히 '고객 입장에서 생각하라'는 말을 듣는다. 그리고 그 '고객'을 위해 하나라도 더 '계몽'하려고 애쓴다. 더 알려주고 가르쳐주고 상담해주고자 한다. 그러나 '경청'의 아주 오랜 전통은 그 반대에 진실이 있음을 알려준다.

세상 모든 사람들은 이야기하고 싶어 한다. 자신의 처지와 자신의 안타까움과 고통과 지루함과 피곤함에 대해서. 그리고 자신이 알고 있는 것을 남에게 들려주고 싶어 한다. 나이가 들수록 더더욱 그렇다.

나이 먹으면 입은 닫고 지갑은 열라는 말, 겪어보면 알지만 100퍼센트 옳은 말이다. 조용히 아래 직원들 재잘거리는 것을 미소 지으며 들어주다가 술값까지 척척 계산하는 윗사람을 빨리 쫓아 보내고 싶어 하는 직원들은 없다. 대다수의 윗사람들이 그러지 않는 게 문제다. 술자리에서 과거 경험담을 늘어놓으며 직원들을 가르치려 한다. 그래서 젊은 직원들은 조금만 술자리가 무르익으면 엉덩이를 들고 도망치려 하는 거다.

박수준 사장의 '듣는' 영업 철학은 고객이 무엇을 원하는지 가장 밑바닥까지 들여다보았을 때 얻을 수 있는 지혜다. 고객의 입장에서 생각한다는 것은 이토록 쉬우면서도 어려운 일이다. 아는 것은 쉽지만, 술 한잔 들어갔을 때 젊은 친구들 앞에서 입 다무는 것이 얼마나 어려운지 모른다.

이것이 철학의 힘이다. 우리가 어느 방향을 향해 질풍 같이 폭풍 성장하기 위해서는 앞서 말했듯 '나만의 방향성', 즉 나만의 벡터를 찾아야 한다. 그 벡터 찾기의 기본 중에 기본이 바로 내 나름대로의 철학을 마련하는 거다. 나만의 철학은 일종의 '나침반' 같은 거다. 세상의 흐름과 변화에 부응하며 나름의 항해를 해가지만, 그 흐름 속에서 길을 잃지 않게 만드는 단단한 심지 같은 것 말이다.

이 철학이 없을 때 우리는 모든 분야에서 우왕좌왕한다. 부모가 교육 철학이 없으면 수많은 사교육의 유혹 속에서 이리저리 떠밀리다 가계 경제는 파탄 나고 자녀는 지쳐 떨어진다. 마찬가지로 나만의 철학이 없으면 어느 직장에 들어가든 주변 이곳저곳을 기웃거리게 된다. '지금 여기'가 아닌 '다른 어느 곳'에 내 미래가 있을 것이라고 헤맨다. 그러는 사이에 시간은 흘러가고 성장의 기회를 모두 놓쳐버리게 된다.

지금 이 순간부터 차분히 눈을 감고 내 삶의 방향, 내 삶의 가치, 내가 기뻐하는 일 등등을 떠올리며 나만의 철학을 마련해보라. 처음에는 아마 유치원생 수준의 철학이 만들어질 거다. '무슨 일이든 열심히 하자'라든가 '오늘 할 일은 내일로 미루지 않는다'라는 식의 철학 말이다. 그러나 유치하다고 포기하지 말자. 끊임없이 궁구하며 갈구하는 사람에게 '천명'은 드러나게 마련이다.

그래서 '하늘의 부름(vocation)'이라고 하지 않던가.

나는 어떤 철학을 가지고 있는가. 삶과 일과 사랑과 직업에 대해. 그 답을 찾으라. 그 순간 당신의 리얼 스펙이 풀가동될 것이다.

그것 때문에 나락으로 떨어졌어도 다시 할 수 있는가?

2004년 아테네 올림픽 수영 자유형 400미터 예선. 출발대에 오른 열다섯 살 수영 국가대표 소년은 긴장을 이기지 못하고 어이없게 혼자 물속으로 뛰어들었다. '부정 출발' 실격. 지난 세월 올림픽을 꿈꾸며 혹독한 훈련을 참고 견뎠지만 '단 한 번의 스타트 연습'만 하고 한국으로 돌아와야 했다. 쏟아지는 비난과 자기 자신에 대한 책망으로 수개월 동안 훈련을 중단하고 수영을 포기하려 했다. 그러나 그는 마음을 가다듬고 다시 훈련에 매진했고, 2008년 베이징 올림픽에서 대한민국 사상 처음으로 수영 400미터 자유형 금메달을 획득했다. 우리가 잘 아는 '마린보이'

박태환 선수 이야기다.

〈던전 앤 파이터〉라는 게임으로 유명한 네오플을 NHN과 넥슨에 팔아서 3000억 대의 슈퍼리치가 된 허민 위메프 대표. 사람들은 그가 〈던전 앤 파이터〉를 개발하고 회사를 매각해서 벼락부자가 된 사람 정도로만 알고 있다. 조금 더 관심 있는 사람은 고양 원더스의 구단주로 김성근 감독을 모셔 와서 국내 최초의 독립 구단을 만든 괴짜라거나 미국 프로야구 선수를 졸라서 결국 직접 가르침을 받고 만 뚝심의 사나이로 알고 있다. 버클리 음대에 들어가기 위해 첫 오디션에서 탈락한 후 미국으로 건너가 어학연수를 하면서 음대 동영상 강의를 들었고, 끈질기게 이메일로 입시 담당관에게 자신이 버클리에 들어가야 하는 이유를 설득해 마침내 입학 허가를 받아낸 일화도 유명하다.

하지만 그의 고통스러웠던 시기는 잘 알려져 있지 않다. 그는 2000년부터 7년간 개발한 열여덟 개의 게임이 모두 실패하는 바람에 30억 원의 빚을 짊어진 적이 있다. 게임 열여덟 개를 실패하는 동안 얼마나 고통스러웠을까. 보통 사람 같으면 이 정도의 빚을 지게 되면 스스로 자포자기해서 무너진다. 아마도 일찌감치 게임 업계를 떠났을 거다. 그러나 그는 '그럼에도 불구하고'

다시 게임 개발에 착수한다. 그리고 마침내 아시아권 동시접속자 수 200만 명의 신화를 만든 〈던전 앤 파이터〉라는 게임으로 인생 역전에 성공하게 된다.

나에게 맞는 벡터란 일종의 소명(calling)이다. 신이, 우주가 내게 '너는 이 일을 해라'라고 말해주는 것이다. 그렇기에 설사 그 일이 돈이 되지 않는다고 해도 그만둘 수가 없다. 아버지의 사업 실패로 고2 때 학교를 중퇴하고 세상과 맞부딪쳐야 하는 그 순간에도 춤추기를 그만둘 수 없는 사람, 그런 사람이 '팝핀현준'이 된다. 그에게는 '춤'을 추라는 우주의 소명이 내려진 거다. 또 하늘이 무너지는 것 같은 좌절을 겪어도 거기서 일어나게 만든다. 그렇기에 '방향성'이라는 거다.

그러니 세상이 아무리 나를 밀어내도 내가 어디서 서성이고 있는지를 보라. 배가 고프고 힘이 들어도 그 분야를 떠날 수 없다면 거기가 당신의 벡터다. 비록 나락으로 떨어졌지만 그 일을 계속하고 싶다면 거기가 당신의 벡터다. 비록 배가 고파서 잠시 다른 일을 하고 있지만 언제고 다시 돌아가고 싶은 분야가 있다면 거기가 당신의 방향성인 거다.

다른 일보다 이상하게
쉬운 일이 있다

국내 최대 세탁 전문 기업 크린토피아. 창업 20년 만에 1800여 개의 가맹점을 확보한 이 회사의 창업주 이범택 회장의 철학은 '디퍼런트'다.

"꼭 하고 싶은 일을 찾아 창업해야지 남 따라 하면 100퍼센트 망한다."

99퍼센트도 아니고 100퍼센트다. '남 따라 하지 마라'라는 철학. 그냥 머릿속에서 나온 말이 아니다. 이범택 회장이 몸으로 체득한 삶의 지혜이자 사업 철학이다.

"내가 바로 친구 따라 창업했다 숱한 실패를 맛본 사람이다."

그랬다. 이범택 회장은 한양대학교 섬유공학과를 졸업한 뒤 잠시 회사원 생활을 하다가 3년 만에 뛰쳐나와 사업을 시작했다. 첫 번째 사업은 나일론 지퍼를 만드는 일이었다. 1981년 그가 사업을 시작할 당시는 금속 지퍼 대신 나일론 제품이 막 나왔을 때여서 인기가 대단했다고 한다. 그때 주변의 친구들이 그를 부추겼다. 나일론 지퍼를 만들면 큰돈을 벌 수 있다는 것. 이 회장은 그 말만 믿고 3년간 모은 돈과 퇴직금을 쏟아부었지만 결과는 폐업이었다. 이유는 동종 업체의 난립. 나일론 지퍼 업체가 6개월 만에 수없이 생겨나 원가도 못 건질 정도로 나일론 지퍼 값이 떨어졌기 때문이다.

이 회장이 그 다음에 시도한 사업은 의류 수출 사업이었다. 그럴싸해 보인다는 이유였지만 통관 절차조차 잘 몰랐다. 당연히 사업은 망했다. 기본을 모르는 사업이 성공하기는 힘들었다. 뚜렷한 철학이 없어서 그랬다. 그 두 번의 실패 경험을 통해 이범택 회장은 한 가지 교훈을 얻었다.

'내가 잘할 수 있는 일을 찾자.'

하지만 문제는 내가 잘 할 수 있는 것이 무엇인지, 정말 내 소명에 맞는 일이 무엇인지 불투명한 경우다. 어릴 적부터 축구나 야구 같은 특정 분야에서 출중한 기량과 성적을 낸다면 모를까 대다수의 평범한 사람들은 서른이 넘도록 내가 지금 내 소명에 걸맞은 일을 하고 있는지 애매하다.

세계적인 작가 로버트 그린은 『마스터리의 법칙』에서 이렇게 말했다.

"자신의 성향에 딱 들어맞는 일을 할 때 우리는 어떤 힘을 감지할 수 있다. 표현하고 싶은 글이 너무도 쉽게 써지거나 원하는 신체 움직임이 너무나도 자연스럽게 이루어져서 마치 누군가가 그 글이나 움직임을 툭 던져준 것만 같을 때가 그런 경우다."

사람은 자신의 소명에 가까운 일을 하면 재미있고 신 나게 다른 사람들보다 더 잘한다. 문제는 커가면서 여러 가지 외적인 유혹과 제약이 그것을 무화시켜버린다는 것이다. 부모의 기대에 부응하기 위해 하고 싶은 일을 억누르기도 하고, 더 안정적이라는 이유로 소명에 가까운 일을 선택하는 대신 대기업에 취직하거나 공무원이 된다.

하지만 자유로운 성향을 타고난 예술가 기질의 사람이 연봉이 높다는 이유로 삼성에 취직하는 경우, 대부분 1년을 넘기지 못하고 스스로 퇴사하고 만다. 체계적으로 일과 성과가 관리되는

'관리의 삼성'에서 버티기 어렵기 때문이다. 마찬가지로 매우 내성적인 사람이 많은 사람 앞에서 강연을 하거나, 여러 사람을 찾아다니며 영업을 한다면 그것만큼 어렵고 곤란한 일이 없을 것이다.

그러니 '방향성'을 찾기 위해서는 내면의 목소리에 귀를 기울여야 한다. 그 내면의 목소리는 내가 가야할 길을 끊임없이 가리키고 있다. 그것이 무엇인지는 몰라도 그 방향으로 일단 걸음을 옮겨야 한다.

미친 듯 반복할 수 있는가?

  고등학교 3년 동안 학생 신분으로는 부적절한 음주 가무를 함께 하다 친해진 친구 꾐에 빠져 문예창작과에 입학한 학생이 있었다. 글이라고는 써본 적이 없는 학생인지라 문창과의 분위기가 낯설기만 했다. 저마다 시를 쓴다 소설을 쓴다 시나리오를 쓴다 하고 있는데 본인만 뭘 해야 좋을지 멍했다. 그래서 자신을 꾄 친구에게 물었다 한다. 어떻게 글을 써야 하냐고. 그러자 돌아오는 대답이 수능 수석 합격한 모범생의 인터뷰보다 더 황당했다. 그냥 쓰면 돼.

  하는 수 없이 일단 그 학생은 손에 잡히는 대로 책을 이리저리 뒤적거리기 시작했는데, 그때 소설가 신경숙의 대학 시절 습작기를 보게 됐다. 대충 내용은 '필사를 해보니 그냥 눈으로 읽을 때와는 다른 느낌이 들더라. 그 필사의 체험이 내가 소설가가 되게 만든 것 같다'는 거였다. 이 학생은 유명한 작가가 '베껴 쓰다 보니 작가가 됐다'고 했으니 거짓말은 아닐 거라는 심정이었다. 그 길로 도서관에 가서 문학잡지들을 빌려다가 그 안에 실린 단편들을 닥치는 대로 읽었다. 마음에 드는 소설들은 밤을 새며 필사를 했다. 낮에는 읽고 밤에는 베끼고.

그렇게 한 학기가 지났다. 그 한 학기 동안 그가 읽은 단편소설은 무려 500여 편. 노트에 필사한 소설도 100여 편이나 되었다고 한다. '독서백편의자현'이라 했던가. 단편 100편을 읽고 나니 소설을 읽는 눈이 좀 생기더라는 거다. 좋은 소설과 그렇지 않은 소설을 구별할 수도 있게 됐고 소설을 쓰는 방법도 대충 감이 잡히더라고 했다. 내친김에 글감을 하나 골라 여름 방학 동안 단편소설을 써서 교내 신문사 주최의 문예작품 현상 공모에 응모했다. 놀랍게도 며칠 뒤 당선이라는 통보를 받았다고 한다.

우석대학교 문예창작과 송준호 교수가 쓴 『나를 바꾸는 글쓰기』에 소개된 사연이다. 책에서는 그 학생이 누구인지 밝히지 않앉지만, 내가 보기엔 그 학생이 송준호 교수가 아닌가 싶다. 어찌됐든 이 학생, 미친 듯 필사(베껴 쓰기)하다 자신의 방향을 찾은 거다. 교내 신문사 주최의 공모에서 당선되어서가 아니다. 한 학기 동안 500편의 단편소설을 읽고 100편의 단편소설을 필사할 수 있다는 사실은 그 학생이 글쓰기와 방향성이 맞다는 것을 방증하니까 말이다. 좋아야 할 수 있는 일이다. 어느 정도까지는 억지로 해도, 그 이상 하려면 몸이 원해야 하는 거란 말이다. 아무리 피아노를 잘 치는 아이도 자신의 방향성과 맞지 않으면 피나는 연습으로 이어지지 않는다. 그게 이치다.

일본 드라마 중에 〈밤비노〉라는 요리 드라마가 있다. 주인공은 시골 마을에서 파스타를 만들던 얼치기 요리사인데 도쿄의 본격 이탈리아 식당 주방에 임시로 고용이 된다. 시골 마을 파스타집의 주인과 도쿄의 식당 주인이 의형제이기 때문에 가능한 일이었다. 주인공인 피라미 요리사에게 도쿄의 쉐프가 파스타를 만들어준다. 맛있냐? 쉐프가 묻는다. 주인공은 정말 맛있다는 표정으로 답한다. 정말 맛있어요. 그러자 쉐프는 포도주를 한 모금 마시며 탄식처럼 내뱉는다. 내가 그동안 몇 만 그릇의 파스타를 만들었는지 아느냐. 쉐프의 그 말은 이런 뜻이었을 거다.

'내가 그 맛을 내기 위해 얼마나 많은 파스타를 만들었는지 짐작하겠나. 네가 그런 각오가 아니라면 요리할 생각, 접는 게 좋을 거다.'

대가들은 좀 멋있게 알려주는 거 같다. 드라마에서건 현실에서건. 주인공은 그 말에 크게 깨닫는다. 시골 마을의 작은 가게에서 하루 몇 접시 파스타를 만들며 그곳 주민들에게 맛있다는 칭찬을 듣는 정도로 요리사의 길을 가겠다고 마음먹은 것이 얼마나 어리석은 일이었는지를. 그러곤 눈물을 흘리며 그 파스타를 마저 먹는다. 이후 이야기는 누구나 짐작한다. 주인공의 요리인생은 그 시점부터 시작인 거다. 최고의 파스타를 만들기 위해 수만 그릇의 파스타를 만들기로 각오한 순간에 시작되는 거다.

1만 시간의 법칙은 이때부터 작동한다. 하지만 앞에서 말했듯 주인공이 수만 그릇의 파스타를 만들며 요리사가 될 수 있는지 없는지는 해봐야 안다. 정말 맛있게 만들 수 있는 솜씨가 있는 사람도 하루 종일 요리를 하는 일에 염증을 느낀다면 요리사가 되기는 어렵다. 그런 건 취미로 해야 한다. 그러나 처음에는 조금 서툴더라도 요리하는 것이 즐겁고 하루 온종일 요리를 해도 지겨워하지 않는 사람, 자신이 한 요리를 남에게 대접하는 것

이 너무 행복한 사람, 그런 사람이 최고의 요리사가 될 가능성이
훨씬 더 높다.

그러니 반복해보라. 소설가가 되고 싶은 사람은 소설을 필사
해보고, 요리사가 되고 싶은 사람은 하루 온 종일 요리를 만들
수 있는지 테스트해보라. 그 반복의 터널을 통과할 수 있다면 당
신의 벡터는 그쪽일 가능성이 많으니까 말이다.

잠시 멈춰
스스로에게 물어보라

내가 가야할 길을 말해줄 사람은 나밖에 없다. 때문에 내가 나아갈 방향을 찾기 위해서는 우왕좌왕하기보다는 차분히 내면으로 침잠할 필요가 있다. 그리고 정말 내가 무엇을 원하는지 내면의 소리를 들어야 한다.

마사 그레이엄의 얘기다. 그녀는 어린 시절 자신의 의견이나 생각을 말로 표현하는 것이 무척 힘들었다. 아무리 잘 전달하려 해도 남들처럼 자연스럽지 않았다. 그러다 그녀는 태어나서 처음으로 무용 공연을 보게 되었다. 그 공연에서 주연인 무용수는 말이 아니라 몸의 움직임만으로 어떤 감정들을 전달하고 있었다. 그녀는 곧 춤을 배우기 시작했고 그때 알게 되었다. 춤이야 말로 자신에게 가장 잘 맞는 표현 수단이라는 것을 말이다. 그 만남을 통해 마사 그레이엄은 무용계의 전설이 되었다.

자신의 기질에 맞는 천직은 자신만이 안다. 천직을 영어로 'vocation'이라고 한다. '부름'이라는 뜻이다. 그 신비한 '부름'은 오직 나의 내면에서 비롯된다. 그 소리를 듣기 위해 잠시 멈춰 스스로에게 물어봐야 한다. 나는 어떤 길을 가야 하는가.

한국 영화계의 거장 임권택 감독, 그는 1961년에 영화감독으로 데뷔해서 10년간 50여 편의 작품을 정신없이 찍었다. 언젠가 미국 영화 같은 작품을 만들고 싶었고, 그래서 젊음을 무기 삼아 무식하리만치 열심히 찍었다. 그가 고백하길 지금 보면 불태워 버리고 싶을 만큼 부끄러운 영화들이었다고 한다. 10년이 흘렀을 때 문득 회의가 들었다. 지금 잘하고 있나? 내가 바라는 길을 가고 있는가? 잠시 멈췄고 지나온 시절을 되돌아봤다. 각성이 생겼다. 내가 미국 영화를 너무 흉내 냈구나 싶었다. 곧바로 이런 생각이 솟아올랐다.

'내 삶에서 이런 낭비는 그만해야 한다. 내가 달라져야 한다.'

자각했다. 그리고 치열한 성찰에 들어갔다.

'흉내 내기를 그만하자.'

그만의 결론을 얻었다. 미국 영화 흉내 내기를 그만하자고 마음먹자 그의 마음속에서 어떤 생각이 떠올랐다. 한국 사람만 찍을 수 있는 '한국 영화'를 찍기로 결심했다.

그렇게 만들어진 영화가 한국 영화사에 길이 남을 〈서편제〉다. 최고의 흥행영화가 되었던 〈장군의 아들〉 1, 2, 3도 그렇게 나왔고, 〈춘향전〉, 〈취화선〉도 그 연장선상에서 만들어졌다. 그리고 임권택 감독은 명장의 반열로 올라섰다. 멈춤의 선물이다.

살다 보면 스스로 살아온 삶이 한심해지고 그간 쏟아부은 노력이 말도 안 되게 억울하게 느껴질 때가 있다. 내가 지금 제대로 된 방향으로 가고 있는지조차 알 수 없을 만큼 혼돈스러울 때, 바로 그때가 성찰의 순간이고 각성의 순간이다. 그때는 미련스럽게 앞으로 밀고 나가기보다 잠깐 멈춰서 지금까지의 노력과 나의 기질, 그리고 저 깊은 곳에서 울리고 있는 내 내면의 목소리를 들어야 한다. 그렇게 조용히 침잠해서 기다리면 알게 된다. 나는 내가 무엇을 원하는지, 어디로 가야 하는지를 분명히 알고 있다는 것을.

그 행복한 멈춤 끝에 길어 올린 제대로 된 성찰과 제대로 된

각성은 그때까지의 노력을 잘 손질해서 새로운 분야를 위한 밑거름이 되도록 한다. 그러니 섣부른 낙담으로 지금까지의 노력을 허사로 만들지 말라. 삶이 허무하고 지금까지 뭔가 '삽질'했다고 느껴진다면 바로 그때 과감히 멈춰 서서 처절하고 절실하게 답이 나올 때까지 내 마음의 소리를 들어라. 그렇게 바닥을 치고 올라왔을 때, 그때까지의 노력이 리얼 스펙으로 바뀌고 당신의 성장에 부스터 엔진이 되어줄 것이다.

나의 관심사 주변에서
틈새 영역을 찾아라

어느 분야에서나 비슷하게 발견되는 역설적인 상황이 있다. '풍요의 역설'이라고도 한다. 어떤 분야가 대단히 각광을 받게 되면 그 분야에는 곧 수많은 경쟁자가 들어차게 된다. 사람들이 그 분야에 들어가게 되면 자원 확보와 생존을 위해 점점 더 많은 경쟁자와 경쟁하게 되고, 결국 시간이 흐를수록 지쳐가게 된다. 주목받기 위해 고군분투해야 하고 정치적 수완을 발휘해야 할 수도 있다. 잘되면 사람이 몰리고 그러면 가치가 폭락한다. 그 안에서 정점에 서기 위해 모두가 '번 아웃'된다.

법조인의 경우를 보자. 물론 한국에서 판사, 검사, 변호사는 여전히 대우받는 직종이다. 그러나 예전과는 많이 달라졌다. 1년에 60여 명의 사법시험 합격자를 뽑던 시절에는 사시 합격 하나로 게임 끝. 일평생 부귀영화를 누릴 수 있었다. 그러자 사람들이 너나 할 것 없이 사시에 목숨을 걸게 됐고 급기야 매년 60명을 뽑던 사법시험이 1000명가량을 뽑게 되고, 그것도 모자라 사시 대신 로스쿨을 만들어 매년 수천 명의 법조 인력을 양성하게 됐다. '풍요의 역설'이 작동한 것이다. 이 때문에 연봉 수십억 원의 법조인도 있지만 직장을 얻지 못하는 백수 법조인도 다수 나오게 됐다. 변호사의 수가 늘어나니 수임을 위한 경쟁이 더욱 심해지고 업무의 강도도 높아지게 된다. 번 아웃되는 거다.

외환위기 이후 구조 조정이 상시화되자 상대적으로 안정적인 공무원, 교사, 공기업에 사람들이 몰렸다. 과거에는 별 관심 없었던 7급, 9급 공무원이 되기 위해 명문대 졸업자들이 노량진 학원에서 밤을 밝히게 됐다. 대한민국의 대다수 직업 생태계는 이렇게 재편됐다. 그리고 더 큰 문제는 기존 직업들이 점점 경쟁력을 잃어가고 있다는 사실이다.

이제 다른 게임 방식을 찾아야 할 때다. 내 관심사가 '축구'라고 해서 모두가 박지성이 될 수는 없다. 내 관심사가 '야구'라고 해서 모두가 류현진이 될 수 없는 것과 마찬가지다. 박지성과 류현진이 되는 길에는 숱한 경쟁자와 치열하게 경쟁해야 할 뿐이다. 이럴 때 '신경로봇공학'이라는 새로운 영역을 창조한 요키 마츠오카의 방식을 벤치마킹하는 것은 어떨까.

요키 마츠오카는 어려서부터 학교나 부모가 정해주는 삶의 방향이 마뜩치 않았다. 학교에서는 흔히 여자들이 자주 진출하는 직업 분야를 권해주었고, 부모는 수영과 피아노를 권했다. 그러나 그녀는 열일곱 살 때 테니스를 자신의 주된 관심 분야로 정했다. 남들보다 늦게 시작했지만 지독하게 힘든 연습을 소화해내며 테니스에 빠져들었다. 그런 한편으로 틈틈이 학교 공부를 했는데 수학과 물리학 문제를 풀 때면 짜릿한 즐거움을 느꼈다. 테니스만큼이나 재미있었다.

문제는 테니스라는 진로에서 그녀가 결정적인 한계를 갖고 있다는 거였다. 연습 때는 그 어느 누구보다 뛰어났지만 정작 시합에만 나가면 긴장으로 제 실력을 발휘하지 못했다. 거기에 부상까지 겹쳤다. 그녀는 과학으로 진로를 돌리면서 자신과 함께 테니스를 칠 수 있는 로봇을 만드는 데 관심이 생겼다. 로봇공학에 빠져들었다. MIT의 로봇공학 선구자 로드니 브룩스가 이끄는

인공지능연구소에 들어가게 됐고, 로봇의 팔과 손을 설계하는 작업에 뛰어들었다. 그렇게 몰두해가다 보니 신경과학에까지 관심이 이어졌고 결국 '신경로봇공학'이라는 새로운 영역을 창조하게 됐다.

요키 마츠오카뿐만 아니다. 80년대 여자농구 팬이라면 국민은행의 전성시대를 열고 아시안게임에서 중국을 누르고 우승을 차지한 명감독 임영보를 기억할 것이다. 그 임영보 감독이 2013년 4월, 81세의 나이로 일본 여자농구팀 '야마나시 퀸 비즈'의 감독으로 선임됐다. 야마나시 퀸 비즈 경영진이 임영보 감독을 찾아와 '당신이 안 맡겠다면 차라리 문을 닫겠다'고 간청해서 결정된 일이다.

원래 임 감독은 6.25때 인민군으로 내려와 잡힌 반공포로 출신이다. 휴전이 된 뒤 일가친척 하나 없었던 그는 밥을 굶지 않기 위해 하사관에 자원해서 군에 들어갔다. 그때는 모든 게 부족했던 시절이라 늘 배가 고팠는데 유독 밥이 남아 버리는 곳이 있었다. 사단 농구부였다. 굶지 않기 위해 죽기 살기로 돌멩이를 공 삼아 러닝슛을 연습해 테스트에 통과했다. 그렇게 만난 농구에 재능이 있었다. 한국운수에 스카우트됐고 국가대표에도 뽑혔다. 그러나 행운도 잠깐, 무릎 부상으로 서른 살에 은퇴해야 했다. 그에게 '농구는 밥이자 꿈이었다'. 선수로 뛸 수 없게 되었을 때, 그는 그 옆에 난 틈새의 길, 감독의 길을 선택했다. 농구계의 비주류였지만 감독은 그의 천직이었다. 술, 담배를 하지 않고 오직 농구와 승리만을 생각했다. 독종 감독으로 명성을 높이며 80년대 국민은행 전성시대를 열고 1997년 2미터 4센티미터의 정 하이샤를 내세운 만리장성 중국을 잡았다. 그리고 올해로 감독 51년차다.

지금은 이런 정신이 필요하다. 직업이라는 생태계에서 나만의 '틈새 영역'을 찾아야 한다. 관심사와 대략적으로 일치하는 분야를 먼저 선택한 뒤, 그 선택한 분야에서 만나는 곁길들, 바로 거기에 '길'이 있다.

모두가 서태지나 조용필, 알리 같은 가수가 될 필요는 없다. 그 옆에 양현석, 이수만 같은 제작자의 길도 있다. 아무도 가지 않았다고 길이 없는 것은 아니다. 나의 길은 그 우거진 숲 밑에 자그마하게 나 있을지도 모른다. 아니 그런 경우가 많다.

재능을 단순화하라

"누구나 관심은 많을 수 있다. 또 자신은 어떤 것에 뛰어들어도 잘할 수 있을 것 같다는 생각을 할 수 있다. 그러나 관심과 재능은 구분되어야 한다. 재능은 한 분야에 집중되어야만 성공이라는 이름을 얻을 수 있다."

패션계의 거장 조르조 아르마니의 말이다. 속담 "열 재주 가진 사람이 한 끼 굶는다"는 말과 맥락을 같이 한다. 여러 방면에 관심이 많은 사람들의 가장 큰 단점은 무언가에 '걸어보지' 않는다는 거다. 성공이라는 이름은 자신이 가진 재능 중 하나에 자신의 삶을 '걸었을 때' 얻어지는 과실이다.

운동선수들은 대부분 운동 신경이 보통 사람보다 뛰어나다. 그러니까 운동선수가 된 거다. 그래서 씨름을 잘하는 사람이 탁구도 잘 치고 골프도 잘 친다. 은퇴한 운동선수들이 골프를 치면 거의 프로골퍼에 준하는 실력을 갖게 되는 이유다. 그러나 그렇게 운동신경이 좋다 보면 어린 시절 여러 가지 운동을 '건드린다'. 야구를 좀 하다가 축구가 더 나은 것 같아 옮기고, 골프가 경쟁자가 없는 것 같아서 골프를 한다. 그렇게 관심과 유행에 따라 옮겨 다니다 보면 당연히 탁월함에 이를 수는 없다.

꼭 운동선수만 그런 건 아니다. 사람들은 누구나 머릿속에서 아이디어로 가지고 있는 생각은 정말 대단하다고 믿는다. 무슨 사업을 해도 자신은 안 망할 것 같고, 자영업자 중 열 명이 창업하면 여덟 명이 망하는 현실이라도 자신은 망하지 않는 두 명에 속할 거라고 생각한다. 주식 투자를 해서 10퍼센트 이상의 이익을 남기는 개인 투자자는 1퍼센트 미만이라고 아무리 주변에서 이야기해도 자신은 1퍼센트에 속한다고 믿는 게 우리 인간이다.

그러나 머릿속 아이디어는 실제로 실행에 옮겨봐야 어느 부분이 잘못되었는지 알 수 있다. 내 싸움 실력이 얼마나 초보적인지는 동네 깡패를 만나서 붙어보면 단박에 알 수 있다. 그렇게 실제로 해보면 안다. 어떤 일이건 '하나만 제대로 하기'도 정말 어렵다는 것을. 그걸 알고 나면 불필요한 것들을 과감하게 버리고 필요한 것에 집중하게 된다.

명품은 단순하다. 기능은 하나에 집중되어 있다. 시계의 명품은 시계 본연의 기능에 충실하게 제작된다. 그 기능에서 0.001초 단위의 정밀성으로 명품의 반열에 오른다. 스티브 잡스는 '단순함'으로 세계 최고의 경영자가 됐다. 잡스가 애플에 돌아왔을 때 애플은 무려 40개 이상의 제품군을 거느리고 있었다. 프린터, 디지털 카메라, 스캐너, PDA까지 있었다. 특히 매킨토시의 라인업은 복잡하기 이를 데 없었다. 잡스는 그걸 4개의 라인으로 단순화했다. 랩탑과 데스크탑이 한 가지 분류 기준이었고 일반용과 프로용이 또 하나의 분류 기준이었다. 사람들은 미쳤다고 했지만 결과는 놀라웠다. 재고를 4억 달러에서 1억 달러로 낮췄고, 수익성이 대폭 상승해 파산 위기를 벗어났으니까.

잡스의 '단순함'에 대한 집착은 '지나치게' 대단했다. 한번은 신제품을 만들 때 제품에 나사가 한 개도 없도록 하라고 지시했다. 제품은 완성되었고 잡스는 손잡이 밑에서 한 개의 나사를 발견했다. 그리고 디자이너를 해고했다. 그 집요함이 수천 곡의 노래를 담는 아이팟의 상징 '스크롤 휠'을 개발하게 했고, 아이폰의 홈 버튼을 탄생시켰다. 최고의 기능을 가진 손가락이 있음에도 스타일러스 펜을 통해 화면을 터치하는 기존의 방식을 개선한 것도 잡스의 애플이었다.

"우리의 관심사는 바로 단순함이죠. 뻔뻔스러울 정도로 단순함을 드러냄으로써 완전히 다른 제품을 탄생시킵니다. 차별화가 목표가 아니에요. 남들과 다른 제품을 만드는 건 매우 쉬운 일입니다. 차별화는 단지 제품을 극도로 단순하게 만들겠다는 목표를 탐구하는 과정의 결과물일 따름입니다."

잡스의 소울메이트라 할 만한 디자이너 조너선 아이브가 '단순함'의 철학을 요약한 말이다. 이 단순함의 철학이 벡터를 찾는 데도 절실하게 요구된다.

사실 재능이 많을수록 버리고 하나에 집중하기 어렵다. 그래서 때로는 재능이 모자라 오직 한 가지 일에만 열과 성을 다할 수밖에 없는 사람이 결국 엄청난 성취를 갖게 되는 경우가 많다.

정민 교수의 『미쳐야 미친다』에 소개된 김득신이라는 인물이 그런 인물이다. 김득신은 둔한 인물이었다. 어느 정도였냐면 어느 날 하인과 길을 가다 담 너머에서 글 읽는 소리가 들려오자 김득신이 하인에게 묻는다. '저 담 너머에서 들려오는 소리……. 저 내용은 어디선가 많이 들어본 것 같구나…….' 하인이 어처구니 없어 하며 답한다. '저 같이 글 한 자 배운 적 없는 놈도 알겠구만 요. 나으리가 평생 매일 같이 달달 외던 구절 아닙니까요.'

이 정도면 분명 '백치'에 가까운 수준이다. 그러나 김득신은 그 같은 둔함을 성실과 노력으로 극복했다. 그가 남긴 독수기(읽은 횟수를 기록한 것)를 보면 1만 번 이상 읽지 않은 것은 기록도 안 했고 1만 번 이상 읽은 책만 36권이나 됐다. 그 노력을 통해 말년에는 시로 세상을 호령했다. 다른 어떤 재능도 없기 때문에 한 가지에 목숨을 걸 수 있다. 그들은 마치 끝이 뭉뚝한 송곳과 같다. 다른 뾰족뾰족한 송곳처럼 종이나 천을 뚫지 못한다. 답답하다. 그러나 그 뭉뚝함으로 계속 부비대면 뾰족한 송곳보다 훨씬 더 큰 구멍이 뚫린다. 하나의 재능에 삶을 건다는 건 그런 거다.

재능이 많은 것은 축복이지만 재앙일 수 있다. 단순화시켜라. 그러면 방향이 보인다.

밥걱정과
눈치 보기를 그만두라

『신화의 이미지』 저자인 신화학자 조지프 캠벨이 정말 멋진 말을 했다.

"인생에서 두 가지를 걱정하지 마라. 하나는 굶는 것이고 또 다른 하나는 다른 사람들이 나를 어떻게 생각하는가이다."

예수님도 하늘에 나는 새를 가리키며 '쟤들도 내일 뭘 먹을까 걱정하며 하루를 보내지 않는다'고 일갈하신 적이 있다. 성실하고 일할 마음만 있다면 적어도 밥을 굶지는 않는다. 해봤냐고? 해봤다. 밥을 굶게 되는 건, 성실한 대신 한탕을 노리거나, 일할 마음보다 쪽팔린다는 알량한 자존심이 크기 때문인 경우가 많다. 서울역 노숙자가 정말 할 일을 찾다 찾다 못 찾아서 거기 누워 있는 걸까?

문제는 '밥걱정'을 하다 보니 자꾸 내 벡터와는 무관한 일을 하게 된다는 것이다. 또 남들한테 쪽팔리다는 생각 때문에 돈벌이가 좀 안 되고 남들이 부끄럽게 생각하는 일은 자신의 전망에서 제외시키게 된다.

원래 세상을 바꾸는 일들은 처음에는 말도 안 되는 일처럼 보인다. 절대 밥 먹고 살 수 없을 것 같다. 갓난아이를 둔 생활보호대상자 미혼모가 밤낮 카페에 앉아 타자기를 또닥거리고 있으면 아마 주변 사람들은 혀를 찼을 것이다. 그러나 영국의 한 여인은 기차 안에서 받은 영감을 따라 밤낮없이 노트에 글을 썼다. 아기가 울면 흔들 요람을 흔들어주며 다른 손으로 글을 썼다. 그녀가 해리포터 시리즈를 쓴 전 세계에서 가장 돈 잘 버는 여성 작가 조앤 롤링이다.

잘 다니던 대학 때려치우고 차고에 친구들과 모여 앉아 납땜이나 하고 앉아 있었으면 우리 부모들은 아마 난리 법석이 났을 거다. 우리 아이가 미쳤어요, 그러면서 머리에 흰 띠 묶고 드러누울 게 뻔하다. 며칠째 몸을 못 씻어 냄새까지 풀풀 났다. 부모자식의 연을 끊자고 하지 않았을까. 그러나 그 차고에서 애플 컴퓨터가 태어났다. 맞다. 스티브 잡스와 그의 친구 스티브 워즈니악 이야기다.

이들이 밥 굶는 걱정을 했다면 애플이나 해리포터가 나올 수 있었을까. 굶는 거 그만 생각해라. 성실하고 건강하며, 보수가 좀 적더라도 내 밥은 내가 벌어먹겠다는 의지만 있다면 일거리는 어디라도 널려 있다.

남 눈치 그만 봐라. 남은 나에게 관심이 없다. 술 마실 때 안주거리 정도로만 생각할 뿐이다. 게다가 남들은 당신이 비슷한 부류로 남길 바란다. 절대로 당신의 새로운 도전, 당신의 새로운 출발을 격려하지 않는다. 아주 탁월한 인격을 가진 사람만이 당신의 도전과 출발을 격려해줄 뿐이다. 그래서 세상을 바꾼 사람들은 늘 비웃음과 모멸, 때로는 비난을 자양분으로 컸다.

밥 굶는 걱정과 남 눈치 보기라는 안대가 눈을 가리고 있는데, 나의 길을 찾아 떠날 수는 없다. 과감히 안대를 벗어던져라. 당신의 벡터가 오롯이 나타날 거다.

붉은 여왕의 손을 놓아라

『이상한 나라의 앨리스』로 유명한 영국의 루이스 캐롤이라는 수학자 겸 동화 작가. 그가 그 속편으로 쓴 『거울나라의 앨리스』가 있다. '이상한 나라'에서는 토끼 굴로 빠져들어 모험을 했던 앨리스가 이번에는 거울 속으로 빨려 들어가 겪는 모험담이다. 길게 이야기를 소개할 생각은 없다. 이 이야기에는 '붉은 여왕'이 나오는데 이 비유가 재미있다.

앨리스는 '붉은 여왕'의 손을 잡고 미친 듯이 달린다. 하지만 주변 경치는 전혀 변하지 않는다. 그에 대해 붉은 여왕이 이렇게 답한다. '제자리라도 유지하려면 죽어라 달려야지.' 그렇다. 마치

트래드밀을 최고 속도로 올려놓고 그 위에서 뛰는 거랑 똑같다. 달리지 않으면 뒤로 가는 거다. 이 비유를 두고 미국 시카고 대학의 진화학자 밴 베일른은 '붉은 여왕 효과'라고 어렵게 말했다. 죽어라 달려도 제자리일 뿐인 현상을 지칭할 때 쓰는 말이란다.

쉽게 말해보자. 우리 주변을 둘러봐도 도처에 이런 '붉은 여왕 효과'를 만날 수 있다. 죽어라고 영어 공부를 해서 혀에 버터 좀 발랐다 싶으면 중국어가 필수란다. 이제 혀에 춘장을 발라야 한다. 이메일 주소를 알려달라고 하면 '강남구 신사동' 어쩌구 하던 컴맹을 간신히 탈출했나 싶었더니 페이스북이 어떻고 트위터가 어떻니 하는 모바일맹 신세가 된다. 나팔바지가 유행이라 열심히 나팔바지를 사 모으면 어느 틈에 스키니진이 유행이란다. 뭔가 끊임없이 노력하고 애쓰는 것 같지만 다람쥐 쳇바퀴 신세인 거 같다.

'속도' 경쟁 때문이다. 한국에서는 거의 갓난아이 때부터 부모가 속도 경쟁을 한다. 저 집 아이는 어제 옹알이를 했대요. 우리 애는 바보인가요? 저 집 아이는 어제부터 이유식을 했대요. 우리 애는 개에 비하면 너무 늦죠? 저 집 아이는 세 살 때 한글을 뗐대요. 우리 아이는 지금 1학년인데 아직 한글을 못 써요. 바보 맞죠? 저 집 아이는 고2 때 월반해서 지금은 하버드에 있대요. 우리 아이는 군대에 있어요. 저 집 아이는 벌써 취직했대요. 우리 아이는 면접만 100번째예요…….

더 말하기 벅차다. 이렇게 부모가 아이의 머릿속에 넣어둔 '속도 경쟁'은 알게 모르게 우리를 조급하게 한다. 마음속에는 누구나 속도 측정기를 가지고 있다. '중학교 친구 ○○은 서른 살에 부장인데, 난 이게 뭔가.' '대학교 동창 녀석은 겨우 스무 살 때 유명한 영화감독이 됐는데…… 에구 부럽다.' 이 마음속의 속도 측정기 때문에 간신히 내 속에서 커가던 내 벡터에 대한 관심이 다시 사라져버린다. 그리고 너무도 뒤쳐졌다는 생각에 꿈을 놓아버린다. 나의 벡터를 찾을 생각을 포기한다. 그리고 노인처럼 되뇐다. '이 나이에 무슨…….'

이런 사람들은 모두 붉은 여왕의 손을 잡고 뛰고 있는 거다. 영원히 끝나지 않을 속도 경쟁을 하는 거다. 모두 '남보다 조금이라도 나은 나'를 기준 삼아 뛴다. 그래서 남의 실패나 고통은 나의 기쁨이 된다. 이걸 독일어로 '샤덴 프로이데'라고 한다. 사회구성원이 모두 이런 마음을 가지면 그 사회에서는 '영웅'이 나오지 않는다. 질투와 시기와 편법만 난무한다. 또한 붉은 여왕의 손을 잡고 뛰면 고통스럽다. 마치 100미터 달리기를 하듯 폐가 부풀고 심장이 터질 것처럼 힘들다.

벡터를 찾기 위해서는 지금이라도 붉은 여왕의 손을 놓아라. 누가 빨리 가나, 라는 말도 안 되는 기준을 던져 버려라. 국제구호활동가인 한비야가 멋진 비유를 했다. 사람은 누구나 활짝 피는 시기가 다른 법이라고. 어떤 이는 20대에 만개하지만 어떤 이는 60에 만개한다고. 중요한 건 속도가 아니다. 내 방향을 찾는 것이다.

그러니 속도계를 버려야 한다. 대신 나침반을 들어야 한다. 내가 4~5시간을 집중해도 재미있고 보람된 일을 찾아봐라. 새로운 신천지를 탐험하는 모험가로 돌아가라. 물론 모험가도 때론 힘들고 때론 집에 돌아가고 싶다. 하지만 모험은 즐겁다. 내가 원해서 하는 모험이기 때문이다.

내 마음속 속도 측정기를 버려라. 그때 나의 길, 나의 벡터가 오롯이 나타난다.

타고난 성격을 거스르지 마라

나는 오래 전부터 사람에게는 성격 유형이 있다고 밝혀왔다. 머리형과 가슴형, 그리고 장형이다. 쉽다. 테스트해보자. 힘든 하루를 보내고 스트레스가 꽉 찼다. 당신은 어떤 방식으로 스트레스를 풀고 재충전을 하는가. 머리형은 딴 거 필요 없다. 자야 된다. 밥도 필요 없고 친구도 필요 없다. 뒤풀이? 됐다. 나중에 피곤 풀리면 해야 한다. 곧바로 집으로 직행해서 혼자 쉬거나 자야 한다. 그게 머리형이다.

가슴형은 그럴 때 혼자 있으면 안 된다. 친구를 만나거나 애인을 만나 떠들며 풀어야 한다. 그런 가슴형은 혼자 놔두면 바로 방전 상태가 된다. 장형은 어떨까. 먹어야 한다. 아니면 뛰어야 한다. 장형에게 일을 잔뜩 시킨 다음에 집에 가서 쉬라고 하면 짜증낸다. '실컷 부려먹더니 먹이지도 않네.' 그렇게 투덜거린다. 그게 장형이다. 스스로에 비춰 보거나 주변 사람들을 잘 관찰해 보라. 대부분 이 세 유형 안에 분류가 된다.

일하는 방식이나 배우는 방식도 각각 다르다. 머리형은 일단 이해가 되어야 몸이 움직인다. 그런 머리형에게 일단 해보라고 아무리 밀어붙여도 소용없다. 논리적으로 이해를 시켜야 한다. 가슴형은 마음을 움직여야 한다. '나 이거 마음에 들어. 느낌이 와.' 이런 순간이 없으면 가슴형은 움직이지 않는다. 감동시켜야 한다. 장형은? 이들은 일단 몸이 움직인다. 배우는 것도 몸을 통해서 배운다. 장형인 아이를 난로 옆에 두는 건 그래서 엄청 위험하다. 잠시 화장실에 가면서 어린 아이에게 '이 난로 정말 뜨겁거든? 절대 만지지 마. 만지면 엄청 아파.' 이래도 소용없다. 잠시 다녀온 사이에 아이는 기어이 난로에 손을 댄다. 그게 장형이다.

사람은 이렇게 성격을 타고 난다. 이 성격은 사실 거스를 수 없다. 그리고 그 성격에 따라 가장 잘 맞는 벡터가 만들어진다.

예를 들어보자. 내가 아는 A라는 친구가 있다. 이 친구는 내가 보기에 전형적인 머리형이다. 표정은 냉정하고 목소리는 작다. 톤이 일정하다. 글씨체는 깨알 같이 작고 선명하다. 이런 친구가 책을 보다 '세일즈'에 꽂혔다. 요즘처럼 평생직장이 없는 시대에 세일즈만이 가장 정직하게 노력에 대한 보상을 해준다는 생각이 들었다. 대학 졸업 후에 작은 회사를 다니다 때려치우고 세일즈 세계에 뛰어들었다. 세일즈에 대한 책만 수십 권을 읽었다. 결과가 어땠을까?

일이 지옥이었다. A는 세일즈를 위한 전화 한 통을 거는 데 10분이 걸렸다. 낯선 사람을 만나 변액보험상품을 소개하는 건 하루에 한 건도 힘들었다. 아무리 머릿속에서 여러 전략을 세우고 미팅 계획을 세워도 소용없었다. 시작했을 때는 처음이라 어렵다고 생각했다. 그러나 1년이 지나도록 나아지지 않았다. 이유가 뭐였을까. 성격을 거스르는 일이었기 때문이다.

머리형은 혼자서 지내는 스타일이다. 혼자서 밥도 잘 먹고 방에 틀어박혀 혼자 잘 논다. 흔히 주변 사람 전체를 혼자 왕따시킬 수 있는 스타일이라고 한다. 이런 머리형은 사람을 많이 만날수록 방전되는 스타일이다. 몸에 에너지도 별로 없다. 구두가 닳

도록 하루 종일 도시를 누빌 수 있는 스타일이 아니다. 하루 그렇게 하면 이틀을 쉬어야 하는 체질이다. 그런 머리형은 작가나 교수, 공무원, 카피라이터, 프로그래머 등등의 직업에 어울린다. 규칙적이고 머리를 많이 쓰는 직업에 어울린다는 거다. 세일즈를 하더라도 머리형에 맞는 방식으로 해야 한다. 페이스북이나 이메일 등등을 통해 간접적인 대인 관계를 맺는 것이 더 낫다.

사람들은 누구나 자신의 내면과 진지하게 만나면 자신이 어떤 사람인지를 알 수 있다. 일단 차분히 그걸 파악할 필요가 있다. 아무리 '의사'라는 직업이 좋아도 피만 보면 기절하는 사람이 '의사'가 될 수는 없다. 그런데도 부모의 기대, 주변의 시선, 높은 연봉, 사회적인 지위 이런 것들 때문에 내 성격에 맞지 않는 옷을 찾아 십수 년을 보낸다. 그래서는 내게 맞는 벡터를 찾을 수 없다.

내가 어떤 사람인지, 어떤 성격인지를 먼저 생각해라. 다른 조건들을 다 잊고 오직 내 자신이 누구인가에 대해서만 곰곰이 생각해보라. 그리고 주변 사람들이 자신에 대해 어떤 평가를 내리는지 진지하게 들어라. 그러면 내 성격, 타고난 결이 보일 것이다. 내가 무슨 일을 할 때 행복한지 알게 될 것이다. 그게 벡터 찾기의 시작이다.

제4부

폭풍 성장을 위한
액션 플랜

부모의 집을 떠나라

인디 음악이니 독립 영화니 하는 말 들어봤을 거다. '인디'가 뭐고 '독립'이 뭔가? '인디'는 '인디펜던스'의 줄임말이다. 한국말로 하면 '독립'이다. 인디가 독립이고 독립이 인디다. 그렇다면 무엇으로부터의 '독립'을 말하는 것일까? 한마디로 '돈'으로부터의 독립이다. 어렵게 말하면 '자본'으로부터의 독립이고. 자본이나 돈이 일본 제국주의처럼 억누르기라도 하는 걸까? 그것으로부터 독립을 하고자 하는 걸 보면. 그렇다. 세상에 공짜 돈, 공짜 밥, 공짜 점심은 없다.

어떤 음반기획사든 뮤지션을 키우는 이유는 그 뮤지션을 통해 이익을 보기 위해서다. 이익을 보려면 대중들이 좋아하는 대중들의 기호에 맞춰가야 한다. 가끔 텔레비전에 나와서 잘 만들어진 복근도 보여줘야 하고, 잘 못하지만 성대모사도 몇 개 날려줘야 한다. 기억도 희미한 첫사랑 이야기도 들려줘야 하고, 슬픈 가족사도 공개해야 한다. 그래야 상품이 되고 이익을 창출할 수 있으니까. 그래서 기획사를 통해 데뷔한 가수들은 그 요구를 들어줘야만 한다. 인디 음악을 하려는 아티스트들은 바로 그런 '자본'의 요구, 즉 돈의 통제력에서 자유롭고 싶은 거다.

세상에 공짜 밥은 없다는 말은 불행하게도 가족 사이에서도 성립한다. 밥을 먹여주면 말을 들어야 한다. 무언가를 받은 사람은 아무리 무신경하려 해도 준 사람이 신경 쓰인다. 공짜로 밥 먹여주고 입혀주고 재워주면, 대신 '정신'을 지배한다. 그게 돈의 무서운 점이다. 포유동물 중에서 인간이 가장 오랜 기간 동안 부모의 보살핌을 필요로 한다고 한다. 그 기간 동안의 보살핌은 어쩔 수 없다. 그러나 한 사람의 성인으로 정신적인 독립을 이뤄야 할 때 그렇지 못하고 경제적으로 의존하게 된다면 주체적인 나만의 길을 가는 것은 어렵다.

제대로 된 나만의 방향성을 가지려면, 먼저 아버지의 경제력에서 벗어나야 한다. 아버지가 벌어다 주는 돈으로 만든 나의 모든 것은 허상이다. 아버지 돈으로 산 차, 부러워 마라. 그게 그에게서 스스로 부를 창출할 수 있는 능력을 빼앗는다. 예전에 100억대 주식 부자를 만난 적이 있다. 그에게 주식에 실패해서 알거지가 되면 어쩔 거냐고 묻자, 아주 자신만만하게 답했다. '나는 아주 어릴 때부터 노력해서 최고의 일식 요리사가 됐다. 알거지가 되어도 밥은 안 굶는다. 난 돈을 버는 요령을 안다.' 젊은 시절의 결핍은 알게 모르게 그 사람에게 돈을 버는 방법을 가르쳐 준다. 어디에 던져 놓아도 제 먹을 것은 만들어내는 어른으로 만들어주는 거다.

아버지의 경제력뿐만 아니라 어머니의 보호로부터도 벗어나야 한다. 의외로 많은 어른들이 어머니에게 감정적으로 기대고 있다. 꼭 마마보이여서 그런 것만은 아니다. 어머니나 아버지를 기쁘게 해드리기 위해서 내가 원하지 않는 일을 하고 있는 경우가 많다는 말이다. 그 역시도 여전히 어머니의 울타리 안에 있는 것이나 다름없다. 내 일을 해결할 사람은 세상에 나 하나밖에 없다는 사실을 깨달을 때에야 비로소 어른이 된다. 내 인생은 내가 결정하고 내가 책임져야만 한다는 사실을 깨달을 때 비로소 어른이 된다.

그래서 남자는 군대에 가서 어른이 되고, 여자는 시집을 가서 어른이 된다고들 하는 거다. 요즘에는 군대에도 엄마의 치맛바람이 분다고 하지만 대부분 군대는 사회와 격리되어 온전히 나의 붙임성과 눈치, 깡과 인내 등등으로 버티는 곳이다. 여기서 남자는 엄마의 보호를 완전히 끊어버리고 어른이 된다.

뭐하러 돈 아깝게 멀쩡한 집에 빈방 두고 나가 살려고 하는지 모르겠다는 부모들도 알아야 한다. 자식이 나가 살려고 할 때 내보내는 게 진짜 자식을 아끼는 거다. 혼자서 세상과 마주하는 연습을 빨리 하면 빨리 할수록 사람은 강해진다.

적어도 고등학교를 졸업한 뒤의 인생은 스스로 책임지도록 해야 한다. 물론 그 전까지 세상을 살아갈 준비를 시키고 도덕과 역량을 키워주는 것은 부모로서 해야 할 의무이자 사랑이다. 고기 잡는 방법을 가르쳐주는 거다. 그러나 그 이후까지 아이를 품에 끼고 밥을 먹이고 옷을 입히는 것은 사랑이 아니라 자식을 죽이는 거다. 홀로 너른 세상을 훨훨 날아다닐 힘을 빼앗아 새를 닭으로 만들고 있는 거다.부모의 정든 집과 깊은 사랑을 떠나라. 그때 비로소 나의 길이 시작된다.

바보처럼 하라

우스개 삼아 이런 말들을 한다. 어려서부터 열심히 공부해서 좋은 학교에 들어가 우수한 성적으로 MBA까지 마친 사람들이 들어가는 회사는 초등학교만 나온 창업자들이 만든 회사라는 농담. 이 말이 웃을 수만은 없는 것이, 머리 좋은 사람들의 특징이 뭔가 해보기 전에 결과를 재단한다는 거다. 미리 머릿속에서 내가 할 일에 대한 결과를 시뮬레이션해보고 어렵거나 안 될 것 같다 싶으면 지레 겁먹고 포기한다. 그래서 평생 월급쟁이 신세를 벗어나지 못하고 좋은 머리를 남을 위해 쓰며 살아간다.

또 한 가지. 머리 좋은 사람들은 스스로의 지식이 만들어놓은 프레임에 갇혀서 남다른 생각을 잘 하지 못한다. 그래서 상황을 뚫고 나갈 방법을 찾기 보다는 왜 해나갈 수 없는지에 대한 핑계를 먼저 생각한다. 일을 해보면 알지만 '왜 하면 안 되는지'에 대해서는 밤을 새우지 않더라도 100가지 이상의 이유를 만들어 낼 수 있다. 그러나 그건 불필요하다. 그보다는 어떻게 하면 '할 수 있는지'를 찾는 것이 우선이어야 한다. 불행하게도 특정한 프레임에 갇혀서 정답 찾기에만 몰두했던 머리 좋은 모범생들은 이 지점에서 가장 취약하다.

청바지 브랜드 중에 젊은이들의 사랑을 받는 디젤이라는 브랜드가 있다. 빈티지풍 청바지의 원조 격이다. 그 디젤의 창업자 렌조 로소의 경우를 보자. 그는 고등학교 때 빈티지 청바지를 만들었다. 집 마당의 시멘트 바닥에 청바지를 문질러 오래 입은 듯 부들부들하고 말랑말랑하게 했다. 그리고 그걸 청바지 납품 업자들에게 보여줬다. 대다수의 청바지 업자들은 그를 보고 미쳤다고 했다. 그들로서는 새 청바지도 아니고 수년 입어서 너덜거리는 것 같은 청바지를 누가 살까 싶었던 거다. 그들은 '새 것'이라는 프레임에 갇혀 있었다.

그러나 렌조 로소 회장은 달랐다. 청바지 마니아들 중에는 중고 빈티지 청바지를 사려고 큰돈을 지불하는 사람이 꽤 많았다. 아무런 선입견이 없던 그는 빈티지 청바지를 젊은이들에게 비싸게 팔 수 있었다. 1978년 세워진 디젤은 이제 6000명의 직원과 400여 개의 해외 매장, 연간 2조 원이 넘는 매출을 기록하는 세계적인 회사가 됐다.

렌조 로소 회장의 모토는 '바보가 돼라(BE STUPID)'다. 그는 바보의 어원은 원래 깜짝 놀라게 하다는 뜻을 가진 라틴어에서 유래한 거라고 한다. 평범하고 관습적인 일상에 균열을 내는 도전을 하는 사람, 그를 가리켜 '바보'라 칭한 거다.

우리말에 '헛똑똑이'라는 말이 있다. 아는 것은 많지만 그 아는 것에 사로잡혀 진부한 생각에 머물러 있는 사람이다. 그 '헛똑똑이'의 반대말이 바로 랜디 로소 회장이 말하는 '바보'다. 그러니 이름 하여 '똑똑한 바보'라고 할 수 있을 거다.

'똑똑한 바보' 렌조 로소 회장은 하는 일마다 상식을 벗어났다. 이탈리아 브랜드인 디젤이 1996년 미국에서 첫 매장을 열 때다. 그는 뉴욕 맨해튼 리바이스 매장 건너편에 열었다. 사람들이 미쳤다고 했다. 그러나 그는 리바이스가 청바지의 할아버지라면 디젤은 젊은이라고 생각해서 청바지의 상징인 리바이스에 도전했다. 게다가 가격은 두 배. 디젤이 미국에 처음 진출했을 때 가장 싼 청바지가 100달러였다. 반면 당시 미국에서 가장 비싼 랄프 로렌 바지는 54달러였다. 똑똑한 바보는 그러나 그 차별화 전략으로 거대한 성공을 거두었다.

1993년 마이애미 사우스 비치를 지나다 렌조 로소 회장은 또 한 차례 '사고'를 친다. 그곳 길가의 한 호텔에 홀딱 반해 48시간 만에 그 호텔을 사버린 거다. 주변 사람들이 또 그를 보고 '미쳤다'고 했다. 호텔은 낡아서 허물어지기 일보 직전이었고 미국 사람들 중 아무도 사우스 비치로 휴가 가는 사람이 없었기 때문이다. 그러나 렌조 로소 회장은 27개의 방을 각각 미니멀한 방, 하이테크 스타일의 방, 타잔 방 등등 테마별로 색다르고 개성 있게 꾸몄다. 2년 뒤 이 펠리컨 호텔은 세계 최고의 부티크 호텔 50에 올랐다.

렌조 로소 회장은 팔과 발목에 'ONLY THE BRAVE(오직 용감한 자)'라고 새겨 놓았다. 의미심장하다. 자신을 두고 '평생 용기를 내며 바보처럼 살아왔다'고 말하는 그는 그 문신을 징표라고 했다.

세상을 헤쳐 나가기 위해 필요한 세 가지를 꼽는다면 힘과 지식, 그리고 용기라고 할 수 있지 않을까. 그중에 용기가 가장 상급이다. 힘과 지식은 빌릴 수 있지만 용기는 빌리는 순간 비겁이 되기 때문이다.

지난한 노력으로 '리얼 스펙'을 쌓았고 여러 가지 모색을 통해 내가 나아갈 길을 찾았다면 세상의 헛똑똑이들의 비웃음과 쓸모없는 조언을 뒤로하고 용기 있게 발걸음을 내딛어라. 언제나 모든 일의 결과는 신의 몫이었다. 오직 용기 있는 시작만이 인간의 몫이다. 용기 있게 시작한 사람만이 신의 선물을 얻을 수 있는 자격을 갖는 거다.

필요한 만큼 하지 말고
필요 이상으로 퍼부어라

"그 친구는 뭘 하든 '필요 이상' 노력해요."

대한민국 최고의 만화가 허영만을 47년간 옆에서 지켜본 스승이자 동료 만화가 박문윤의 말이다. 열아홉 살의 어린 허영만이 여수에서 올라와 그의 문하생으로 들어갔다. 보통 문하생들은 연필 밑그림을 지우는 지우개질부터 하지만 허영만은 처음부터 데생을 맡았다. 완성도 높게 그리겠다는 근성이 있어서 처음부터 잘 그렸단다. 박문윤이 기억하는 허영만은 필요한 만큼 하는 사람이 아니라 필요 이상으로 하는 사람이었다.

허영만의 제자이자 웹툰 〈미생〉, 〈이끼〉 등등의 인기 만화를 그린 윤태호의 평가도 동일하다. 그가 기억하는 허영만은 연재 원고 30~40쪽을 그리기 위해 참고 서적을 20~30권씩 뒤지는 노력파였다.

그는 뭘 하든 필요 이상으로 한다. 식객을 연재하는 10년 동안 그는 스토리 작가를 대동하고 매달 두 차례씩 전국의 맛집을 순례했다. 그냥 가서 맛만 보고 오는 게 아니라 빼곡한 메모와 사진을 통해 만화의 소재를 잔뜩 담아서 돌아왔다. 그 수많은 사진과 메모를 거르고 거른 결과물이 『식객』이다. 대중들의 사랑을 받지 않는 게 이상한 일일 게다.

관상 만화 〈꼴〉을 연재하기 전에는 4년간 관상 수업을 받았다. 『마의상서』 같은 역술서를 스승과 함께 읽었고 실습으로 지하철을 타고 다니며 승객들의 관상을 봤다. 그리고 만화를 연재했다. 그의 스승은 허영만의 관상 실력을 제자 중 다섯 손가락 안에 꼽을 정도라고 한다.

보통 한 분야에서 5~7년 정도 일하면 회의가 생긴다. 남들은 다 제 분야에서 이렇다할 성과를 내며 쭉쭉 뻗어가는 것 같은데 나만 제자리걸음인 것 같다. 밤에 동료들과 술자리에서 반쯤 술에 취해 푸념한다. '난 정말 열심히 했다. 남들 놀 때 나 일했고, 밤에 밤잠 줄이며 공부했어. 근데 늘 이 모양이야.' 그러곤 보통 두 가지로 결론을 낸다. '난 재능이 없나봐. 이 길이 맞지 않는 것 같아'이거나 '세상이 썩었어. 1등만 기억하는 더러운 세상!!'이다. 어느 정도 사회 구조적 문제가 개인의 성공에 영향을 끼치는 것은 부정할 수 없다. 그리고 **빼어난** 재능이 있으면 금방 두각을 나타낼 수 있는 것도 맞다. 그러나 세상을 탓하고 자신의 재능을 탓하기 전에 정말 '필요 이상'으로 노력해봤는지를 점검해볼 필요가 있다.

"100번이 넘는 오디션 이후에 '나름대로 열심히 했는데'에서 '나름대로'가 **빠져야** 한다는 것을 깨달았어요."

영화배우 장혁의 말이다. 화려한 연예계에 주인공을 지망하는 잘생긴 배우가 어디 한둘이겠는가. 그들 중에서 주목받는 한 명의 배우가 되기 위해서는 '연기'뿐만 아니라 인간 관계, 오디션을 보는 심사위원의 취향 등등 수많은 것에 최선을 다해야 했을 것이다. 100번이 넘게 오디션을 보니 그게 보이더라는 말이다.

33년간 탁구 지도자로 살아온 국가대표팀 강문수 총감독. 그는 85년부터 남자 국가대표팀 코치를 맡기 시작해서 1986년 아시안게임 남자 단체 금메달, 1988년 서울올림픽 남자단식 금메달과 은메달(유남규, 김기택)을 이끌었다. 2004년 아테네 올림픽에서 남자단식 금메달을 딴 유승민은 그가 소속팀에서 가르친 제자다. 그의 훈련 철학이 이렇다.

"어떤 스포츠든 훈련 양이 많아야 잘한다. 한계점에 도달했을 때 한 번 더 해야 한다. 그게 내 철학이다."

훈련 양이 모자란다고 생각되는 선수에게는 '5분 극기 훈련'을 시킨다. 5분 동안 300~500개의 공을 받아내게 하는 훈련이다.

"5분 지나면 바로 뻗어버린다. 분당 맥박이 180까지 올라가는 지독한 훈련이다." 금메달리스트 유남규 감독의 말이다.

강문수 총감독이 훈련 때 가장 많이 쓰는 말이 '원 모어(One More)'다. 훈련 양을 쟁이고 쟁여서 마치 즙을 짜내듯 할 때 최고의 성과가 나온다. 1의 결과를 위한 100의 투여가 있어야 최고를 얻을 수 있는 거다.

열심히 했다는 말, 최선을 다했다는 말은 결코 자신의 입에서 꺼낼 만한 말이 아니다. 그건 옆에서 지켜보는 사람이 할 말이다. 그들이 피를 토할 듯한 당신의 노력을 보고 건네야 하는 말이다. 내가 최선을 다했는지, 정말 모든 에너지를 끌어내서 했는지를 알 수는 없다. 그러나 방법은 있다. 1의 결과를 위해 100을 투여하는 것이다. 올림픽 경기에서 단 한 번의 리프트를 위해 장미란 선수는 하루에 5만 킬로그램의 무게를 들어 올리는 훈련을 했다. 필요 이상의 노력을 퍼붓는 것, 그게 최선을 다하는 사람의 자세다.

타깃을 정하고
시간을 정복하라

『회남자』에 이런 구절이 있다.

"배움에 겨를이 없다고 말하는 사람은 비록 겨를이 있더라도 또한 배울 수 없을 것이다."

직장인들이 흔히 하는 푸념이 공부를 하고 싶어도 공부할 시간이 없다는 말이다. 『회남자』의 이 구절을 새겨들어야 하는 이유다. 아무리 시간이 없어도 정말 하고 싶으면 한다. 야구 경기를 너무 좋아하는 사람은 바쁜 와중에도 야구 중계를 본다. 드라마를 사랑하는 사람은 무슨 핑계를 대서라도 '본방'을 사수한다. 그런데 유독 공부할 시간만 없다니. 마음이 없기 때문이다.

당송 팔대가로 꼽히는 구양수는 그런 마음을 속속들이 알았는지 공부하기 좋은 장소로 '삼상(三上)'을 꼽았다. 말 위인 '마상(馬上)', 침대 위인 '침상(枕上)', 화장실의 변기 위인 '측상(厠上)'이다. 말 위에서도 공부, 침대 위에서도 공부, 화장실에서도 공부라는 얘기다. 구양수가 지은 대부분의 글들이 이 '삼상'에서 구상되었다고 한다. 시간이 없다고 말할 수 있을까? 시간은 활용하기 나름이고, 자신이 꼭 해야 하고 좋아하고 사랑하는 일이라면 어떻게든 나기 마련이다.

그 한 가지 방법이 명확한 목표를 갖는 것이다. 목표가 있는 사람은 어떻게든 시간을 낸다. 이를 테면 몇 달 뒤 중요한 시험을 반드시 합격해야 한다는 목표가 간절한 사람은 그 목표를 위해 어떻게든 수를 낸다. 자투리 시간만 나도 공부하게 되어 있다. 굳이 일일 시간표를 만들어서 몇 시에는 무얼 하고 또 몇 시에는 무얼 한다고 계획할 필요가 없다. 그런 시간표로 시간 관리를 하는 게 더 어렵고 스트레스다.

그러나 목표 없이 맞이하는 자투리 시간은 대부분 그냥 저냥 흘러가버리고 만다. 내가 이름을 불러주었을 때 대상이 내게로 와서 '꽃'이 되듯이, 내가 꼬리표를 달아준 그 시간만이 내게로

와서 유용하게 사용된다.

또 한 가지, 시간은 막연하게 사용하려 하면 모래를 손으로 쥐었을 때 슬슬 빠져나가는 것처럼 소멸되기 십상이다. 누구나 시험 보기 전날, 어영부영 시험과는 관계없는 소설책이나 드라마를 보다가 어어 하는 사이에 하루를 보내버린 경험, 있을 거다. 사람의 의지는 커다란 과제 앞에 쉽게 꼬리를 내리고 도망치려 한다. 도저히 남은 시간 동안 다 할 수 없을 것 같은 공포감에 시작도 못하고 머뭇거리다 밤을 꼴딱 세기도 한다. 그러나 강력한 '타깃'이 마음속에 들어 있는 사람은 그렇게 도망치지 않는다. 내게 있는 모든 시간을 모아 하나에 집중한다. 그럴 때 진정 시간을 아껴 쓸 수 있다.

끝까지 하라

1890년 미국 인디애나 주에서 태어난 할랜드 데이빗 샌더스. 그는 '하늘이 버린 사나이' 같았다. 여섯 살에 아버지를 잃었다. 일하는 어머니 대신 어린 동생을 돌보며 불과 열 살 때부터 농장에서 일을 해야 했다. 이후로 그는 보험 외판, 타이어 영업, 주유소 주유원 등등 닥치는 대로 일을 했다. 하지만 들어가는 회사마다 해고를 당했다. 번 돈을 모아 가게를 차렸다. 그때 대공황이 덮쳤다. 전 재산을 부어넣은 가게는 망하고 말았다. 마흔 살에 다시 작은 주유소를 켄터키 주에 열었다. 갖은 고생 끝이었다.

처음에는 조금 되는 듯했다. 그의 닭튀김 때문이었다. 주유소를 찾는 손님들에게 간단한 음식을 팔겠다는 아이디어로 만들었는데 사람들이 그 맛에 반해 계속 찾았기 때문이다. 하지만 '하늘이 버린 사나이'답게 또 그에게 재앙이 닥쳤다. 식당에 불이 났다. 놀라운 건, 그가 또 다시 일어섰다는 거다. 그는 자신이 만든 닭튀김에 사람들이 벌떼처럼 몰렸던 걸 기억했다. 그리고 이번에는 압력 튀김 기계를 이용해 닭을 요리했다. 그 닭을 파는 '샌더스 카페'는 다시 성공가도를 달리기 시작했다.

그러나 이번에는 고속도로가 문제였다. 식당 옆으로 고속도로가 뚫린 것이다. 고속도로 저쪽 편의 손님들이 더 이상 찾지 않게 됐다. 매출은 뚝뚝 떨어졌다. 결국 수중에 105달러만을 남긴 채 식당을 헐값에 처분해야만 했다. 하지만 샌더스는 거기서도 포기하지 않았다. 그는 샌더스 카페를 운영하며 개발한 11가지 양념의 닭튀김 비법을 가지고 있었다. 그걸 다른 식당에 팔겠다고 마음먹었다. 분명히 한 번 맛을 보면 계약하지 않고는 못 배겨 낼 거라고 생각했다.

그의 나이 65세. 보통 사람 같으면 '나는 여기까지구나' 하고 체념할 나이지만, 그는 전국을 돌며 자신의 레시피를 영업했다. 하지만 로열티를 주고 비법을 사서 체인점을 한다는 아이디어는 그 당시만 해도 전혀 새로운 것이었다. 쉽게 계약이 될 리 없었다. 그러나 마침내 68세가 되던 해 첫 계약을 성공시켰다. 닭한 마리당 약 4센트의 로열티를 지불하는 조건으로 계약을 했다. 샌더스가 1009번째 식당에 자신의 레시피를 권해서 거절당하고 1010번째 도전에서 성공한 계약이었다.

그는 '켄터키 프라이드 치킨'이라는 상점 이름을 지어주었다. 그게 KFC 1호점의 탄생이었다. 물론 할랜드 데이빗 샌더스는 KFC 매장 곳곳에 서 있는 그 할아버지가 맞다. 맛있는 켄터키 프라이드 치킨을 우리에게 선사한 그는, 절대로 포기하지 않는 '끝까지 해내는 정신'의 본보기를 보여줬다. 그가 이렇게 말하면 우리는 들어야 한다.

"세상에는 멋지고 훌륭한 아이디어를 가진 사람은 많습니다. 하지만 그걸 실행으로 옮기는 사람은 별로 없지요. 포기하지 마세요. 무언가 해내려고 애써보세요."

무언가를 끝까지 하는 것은 엄청난 결과를 가져온다. 유명한 영업자들은 한결같이 이렇게 말한다.

"영업은 열 번 시도해서 단 한 번을 성사시키면 성공이다. 문제는 단 한 번의 성사가 대개는 열 번째 시도에서 이루어진다는 거다."

영어를 잘하는 학창 시절의 모범생에게 물어보면 걔네들의 대답은 한결같다. 좋은 참고서 하나를 줄기차게 파라고 말해준다. 한 서너 번 읽으라고 말이다. 그러나 숱한 영어 포기자들은 집에 참고서나 영어 교재가 산을 이룬다. 대다수의 책들은 앞부분 15~20페이지 정도에만 읽은 흔적이 있을 뿐이다.

'강한 놈이 살아남는 것이 아니라 살아남는 놈이 강한 것'이라는 말은 단지 영화 대사에만 그치지 않는다. 인간은 바로 1초 후의 자신의 미래를 짐작할 수 없다. 갑작스런 뇌 이상으로 침대에 누워만 있게 될 수도 있고, 교통사고로 어제까지 멀쩡했던 이가 명을 달리할 수도 있다. 오직 신만이 우리의 미래를 주관할 뿐이다.

그럼에도 인간은 자주 자신의 미래, 자기가 하고 있는 일의 결과에 대해 걱정하고 불안해하고 초조해한다. 그러면서 그 걱정과 불안과 초조감을 이기지 못해 중간에 포기하거나 애꿎은 다른 일을 한다.

그래서 '진인사 대천명'이라는 말을 마음에 새겨야 한다. 시작은 인간의 몫이지만 결과는 신의 몫이다. 인간은 시작을 하고 그것을 끝맺을 뿐이다. 그 끝맺음의 풍성함은 행하는 인간이 짐작할 수 없는 영역이다. 다만 끝까지 했을 때만 그 결과를 기다릴 수 있는 거다. 우스갯소리로 매일 같이 로또에 당첨하게 해달라고 기도하는 이에게 하나님이 "로또를 사야 당첨되게 해줄 거 아니냐"고 했듯이, 무슨 일이든 시작만 해놓고 끝을 매듭짓지 않는 이는 어떤 결과도 기대할 수 없다.

그러니 우리는 타라후마라 부족의 사냥법을 기억해야 한다. 멕시코 중서부의 시에라 협곡에 살고 있는 타라후마라 부족은 독특한 사냥법을 가지고 있다. 그들은 달리기로 사냥을 한다. 무슨 말인가 하면 사냥감을 정하면 그 사냥감을 향해 끝까지 달린다. 마침내 사냥감이 지쳐 쓰러질 때까지 그 사냥감을 쫓는다. 절대 중간에 포기하거나 다른 사냥감으로 바꾸지 않는다. 처음 정한 바로 그 타깃을 끝까지 쫓아가서 반드시 잡고 만다. 그게 타라후마라 부족의 사냥법이다.

폭풍 성장은 이런 타라후마라 부족의 사냥법과 같다. 제대로 된 타깃을 발견하고 쫓아갈 체력과 준비가 다 된 상태에서 타깃을 쫓는다. 잡힐 때까지. 그 타깃이 잡히는 순간, 폭발적으로 성장하는 것은 묻지 않아도 알 수 있을 터다.

끝까지 해라.

마치 그런 것처럼 하라

은행지점장 출신의 우리자산운용 차문현 사장. 하지만 1998년 외환위기 때 차 사장은 자살을 생각할 정도로 눈앞이 캄캄했다. 은행 구조조정으로 25~26년 해왔던 금융업에서 퇴출됐고 그때 우리사주 대출금과 직원 빚 보증 등등의 이유로 빚더미에 앉았다. 50줄에 그런 위기를 겪으면 주저앉기 쉽다. 하지만 그때 그가 한 건 지금까지 해온 것처럼 하면 다시 일어설 수 있다는 '자기암시'였다.

매일 새벽 3시에 일어나 한강변을 달리며 '턴어라운드'를 위해 수없이 자기암시를 했다. "시련은 동반자다!"라는 암시, "긍정적으로 생각하자, 나는 상고 출신으로 가방끈도 짧았지만 목표를 세우고 돌진해서 일어설 수 있지 않았나" 하는 긍정의 최면을 걸었다. 그렇게 자기암시를 걸기 시작한 지 2개월 뒤, 제일투자신탁에 재취업이 됐다. 3년 만에 수탁액 3조 원을 유치했고 2005년에 우리자산운용 대표로 취임했다.

긍정의 자기암시에 대해 빅토리아 시대의 철학자이자 심리학자인 윌리엄 제임스는 이렇게 말했다.

"어떤 사람이 되고 싶다면 이미 그 사람이 된 것처럼 행동하라."

이를 영국 하트퍼드셔 대학 교수이자 세계적인 심리학자인 리처드 와이즈먼 교수는 'As if principle'이라고 명명했다. 우리말로 하면 '가정 원칙'이다. 이 원칙을 한마디로 하면 '마치 그런 것처럼 하면 그렇게 된다'는 거다.

다시 윌리엄 제임스의 말을 빌려보자.

"의도적으로 좋은 기분을 만들어 내려면 벌떡 일어나 신나는 생각을 하고, 언제 어디서나 활기차게 말하고 움직이면 된다. 나쁜 감정과 씨름하다 보면 우리의 관심은 온통 부정적인 쪽으로만 흘러가 거기서 헤어나지 못하게 된다."

이건 현대 심리학으로 다 입증이 됐다. 성큼성큼 걸으면 행복감을 느낀다. 질질 발을 끌며 걸으면 우울해진다. 입꼬리를 웃는 것처럼 올리고 있으면 행복해진다. 고개를 끄덕끄덕하면서 어떤 질문을 받으면 '예스'라고 대답할 확률이 높아진다. 롤러코스터를 타서 심장이 두근두근할 때 사랑을 고백하면 받아들여질 확률이 높다. 무서워서 두근두근하는 것이 좋아서 두근두근하는 것과 헷갈린다는 거다. 종합하면 '마치 행복한 것처럼 하다 보면 정말 행복해진다'는 결론이다.

그런데 'As if principle'의 효과는 거기서 멈추지 않는다. 자신이 정말 되고 싶은 꿈이 있다면 '마치 그 사람인 것처럼 하라, 그러면 그 사람처럼 된다'는 거다. 소설가들은 습작기에 자신의 롤모델인 작가의 작품을 한 글자 한 글자 손글씨로 옮겨 적는다. 이른바 '필사'라고 하는 글쓰기 연습이다. 그렇게 마치 그 작가가 된 듯, 한 글자 한 글자 옮겨 적다 보면 그냥 눈으로 읽을 때는 들어오지 않던 미세한 결 같은 것이 느껴진다. 그리고 그 '결'은 어느 틈에 옮겨 적는 사람의 몸에 체득되게 된다. 마찬가지다. 내가 닮고 싶은 그 사람처럼 하라. 그 사람의 장점이 고스란히 내 몸에 체득되게 된다.

'주인의식'을 가지라는 것도 같은 맥락에서다. MJC 보석직업

전문학교 김종묵 이사장. 그는 일곱 살 때 아버지가 사고로 돌아가셨다. 학교에 다닐 엄두를 내지 못했고 친구들과 운동장에서 놀다가 수업종이 치면 혼자 우두커니 운동장에서 놀았다. 그런데 학교 선생님이 수업 시간에 운동장에 있는 그를 보고 학생인 줄 알고 교무실로 끌고 갔다. 거기서 자초지종을 들은 선생님은 그를 학생으로 만들었다. 그렇게 공부를 시작했지만 그 후로도 평탄치는 않았다. 마도로스가 되고 싶어 해군사관학교에 가려 했지만 여의치 않았다. 양양고등학교를 졸업하고는 건달 신세가 됐다. 그러다 귀금속 세공을 만났다. 공부는 잘 못했지만 손재주가 있었던 그는 고향의 가족이 키우던 송아지를 팔아 마련해준 수강료를 들고 남대문의 한 학원에서 귀금속 세공기술을 배웠다.

그렇게 배운 기술로 1970년대 한국 귀금속 세공의 메카였던 신아사에 취직했다. 작업 환경이 너무 열악했다. 일주일만에 때려치우려 했다. 그때 누나가 말렸다. 소개해준 사람 체면을 생각해서라도 한 달만 참으라고. 그런데 한 달을 참자 때려치우고 싶을 만큼 고됐던 일이 재미있어졌다.

신기한 일이었다. 그는 제일 먼저 출근하고 제일 늦게 퇴근하는 열성 사원이 됐다. 석 달 뒤에는 사장이 자신이 관리하던 공방의 열쇠를 맡겨왔다. 값비싼 금은보석이 잔뜩 쌓인 곳이니 그만큼 사장이 그를 믿게 되었다는 말이다. 그때 김종목은 마음속에 '주인처럼 일하면 성공한다'는 좌우명이 새겨졌다고 한다.

"주인처럼 일하면 성공한다는 고 정주영 회장님 말씀은 사실이었어요. 백화점에서 수리 문의가 오면 제가 만든 게 아니더라도 밤새워 다시 만들었습니다. 열심히 하자 기능대회 출전 기회도 얻게 됐고 세계 대회도 가보게 됐습니다."

주인의식을 갖고 일하면 무슨 일을 하든 리얼 스펙은 쌓인다. 오해하지 말아야 할 것이 있다. 주인처럼 일하면 주인이 물질을 보상한다는 뜻이 아니다. 가끔 주인처럼 일한 직원에게 엄청난 보상을 내리는 주인이 있기는 하지만 대부분은 월급이 전부인 경우가 많다. 단언한다. 주인의식에 대한 보상은 주인이 주는 물질이 아니라 스스로에게 쌓이는 리얼 스펙이고 주인의 좋은 장점을 그대로 복사한 것처럼 몸에 새기게 된 역량이다.

주인처럼 하다 보니 내 몸에 붙은 여러 디테일들이 보상이다. 디테일 하나하나에 신경 쓰는 주의력, 어떤 일이 있어도 납기일을 지켜내는 신뢰, 불가능을 뚫어내는 실행력, 이런 리얼 스펙들은 주인의식을 갖고 모든 일을 내 일처럼 임하는 사람에게 쌓이는 것이고, 그 결과 주인이 사업체를 일굴 때 가졌던 그 능력을 갖게 되는 것이다. '주인처럼 일하면 주인이 된다'는 말은 그런 의미다.

그러니 '마치 그런 것처럼 하라, 그렇게 된다'.

아들아, 내 집을 떠나라

이제 긴 이야기를 마무리해야 할 때다. 응급실에 다녀와서 내 아이들에게 편지 한 장을 전해주며 집에서 내쫓았다는 이야기를 초두에 했다. 이제 이 편지의 내용을 공개해야 할 것 같다. 이 편지가 이 책을 쓰게 된 동기였기 때문이다. 따라서 이 편지에 내가 전하고자 하는 '진정성' 같은 것이 담겨 있다. 들어보라.

사랑하는 자식들에게

이제 다음 달이면 내 나이 쉰다섯이 된다. 요즘 몸과 마음이 예전 같지 않다. 어제 난생 처음 '기절'이란 걸 해봤다. 119에 실려 종합병원 응급실엘 갔었다. 10시간가량 누워 있는 동안 너희들 얼굴이 제일 먼저 떠오르더구나. 걱정할까봐 연락은 하지 않았다. 나는 '어쩌면 죽을 수도 있다'는 생각을 했던 것 같다.

그러니 자연히 내 인생을 돌아보게 됐다. 또 앞으로 남을 너희의 인생도 짐작해보게 됐다. 대학을 졸업하고도 취업을 못한 아들과 직장 생활이 벅차 힘들어하는 딸을 생각하니 못나게도 눈물이 찔끔 났다. 두서없이 말하마. 그때 나는 너희들과 소중한 시간을 함께 못한 것이 눈물 나게 속상했다. 너희와 기억에 남는 여행 한 번 못하고 이 나이를 맞은 게 어이없기도 했다. 무엇 때문에 그토록 앞으로, 앞으로 내딛기만 했을까.

그 이유를 말하자면 너희가 내 살아온 삶을 알아야 할 거 같다. 부담 잔뜩 갖고 한번 들어봐라. 내 인생 최대의 충격은 중학교 3학년 때 있었다. 돈을 벌어오지 못하고 처자식을 고생시킨 아버지 곁에서 고생하시던 어머니가 그때 중풍으로 쓰러지셨다. 늘 돈에 허덕이는 가난한 집으로 전락했지. 고등학교 시절 기숙사에 있는 친구들처럼 따뜻한 점심 한 끼 먹는 게 소원이었다. 점심때면 배가 고파 물로 배를 채웠고 학교 갈 차비가 없어 종암동에서 태릉까지 얼굴과 손이 꽁꽁 얼어붙는 겨울날 낡고 흉한 자전거를 타고 학교엘 갔다. 잘사는 친구 집에서 저녁을 얻어먹을 때면 행복했다. 자존심 이런 것을 돌볼 겨를은 없었다.

보다 못한 어머니가 자식들을 먹여 살리려 살고 있던 집에 중국음식점을 차렸다. 중풍으로 좌반신이 마비된 몸에 배달통을 들고 온 동네를 절뚝거리며 배달 다니셨다. 그 모습을 볼 때마다 내 눈에서는 눈물이 쏟아졌다. 어머니는 배달을 한 번 다녀올 때마다 신발 한 짝을 잃어버리셨거든. 중풍으로 한쪽 다리에 감각이 없으니 신발 벗겨진 걸 느낄 수가 없어서였단다.

고등학교를 졸업하던 해 나는 대학 가는 것을 포기했다. 대신 어린 동생들을 데리고 명동과 서울역을 오가며 버스 기사와 택시 기사들에게 신문을 팔았다. 눈물 젖은 빵? 그때 실컷 먹었다. 배고프다고 우는 동생들 줄 것밖에 없어 수돗물로 물배를 채우는 건 예삿일이었다. 친척들도 그런 우리를 무시했다. 오기로 살던 시절이었다.

그러다 대학에 가게 됐다. 중풍이 재발해서 사경을 헤매시던 어머니가 죽기 전 소원이라셨다. 대학 가서 내가 사람 구실하며 사는 걸 보고 싶다 하셨다. 그래서 이듬해 대학에 갔다. 부모님의 모든 금반지와 패물을 팔아 간신히 첫 등록금을 댔다. 지금도 또렷하게 생각나네. 빨간 캐시미어 이불이었지. 그걸 들고 인천에 내려갔다. 아는 친구와 선배 집을 오가며 잠자리를 구해야 했다. 집에 돈이 한 푼도 없다는 걸 알고 있었기에 나는 다음 학기 등록금을 위해 무슨 일이든 해야 했다. 나 대신 동생이 새벽에 신문을 돌려 가족을 벌어 먹여야 했다.

등록금을 마련하려 여기저기 동분서주하던 대학 1학년 여름방학 때 너희 엄마를 만났다. 그 당시 입시학원 교무과에 근무하는 직장인이었다. 내겐 천사나 다름없었다. 내 자취방 방세와 밀린 부식비를 갚느라 한 달 월급 전부를 털어 넣어야 하곤 했다. 내가 아무리 가정 교사를 뛰고 학교 연구소에서 아르바이트를 해도 늘 돈이 부족해 허덕거려야만 했다. 그걸 참아준 네 엄마가 정말 대단했다.

그런 와중에 또 한 번 사경을 헤매던 어머니가 내 손을 꼭 잡고 또 한 번 소원을 들어 달라 비시더구나. 죽기 전에 며느리가 지은 따스한 밥 한 공기 먹어봤으면 좋겠다고. 그걸 먹고 죽으면 여한이 없겠다고 말이다. 어머니 소원대로 나는 대학 4학년 때 결혼을 했고 그해 겨울에 내 사랑하는 큰딸이 태어 났다. ROTC 장교로 임관한 덕에 빠듯하게나마 살아갈 수 있 었지. 군을 제대하고 2년 뒤 막내아들이 태어났고 말이다. 이 게 너희를 낳을 때까지 내 삶이었다. 그러니 '성공'하고 싶지 않을 수 없었겠지. 내게는 '가난'으로부터의 탈출이 지상의 과 제였으니 말이다.

하지만 지난 밤 응급실을 다녀오며 생각이 많이 바뀌었다. 아 니 그 전부터 조금씩 바뀌어가고 있었다고 해야겠지. 응급실 을 다녀온 게 큰 계기가 되었을 뿐이다. 그 얘기를 들려주고 싶구나. 그대로 죽을 수도 있겠다는 생각이 들었거든. 그러면 너희들에게 평소에 해주고 싶은 말도 전하지 못했을 테니까 말이다.

나는 너희들에게 성공을 강요하고 싶지 않다. 성공보다는 '성 장'을 삶의 목적으로 두고 살았으면 한다. 진정한 성공은 올바 른 성장을 통해 이루어진다. 이제 세상의 흐름이 바뀌고 판이 변하고 있다. 부자가 되기 위해, 높은 지위에 오르기 위해 내 삶의 하루하루를 처절한 모욕과 극한의 육체노동에 밀어 넣으라는 예전 성공학의 가르침은 아주 시대착오적이라 할 수 있을 거다. '성장'을 삶의 목적으로 두면 똑같이 육체적으로 힘들어도 '행복한 고통'이 된다고 믿는다.

마라토너들이 달리면서 힘들지 않을 것 같니? 그렇지 않다. 심장이 타들어가는 고통을 느낀다. 다만 그들은 자발적으로 자신의 성장을 위해, 자신과의 싸움에서 이기기 위해 그 고통을 감내한다. 그래서 '자발적 고통'이고 '행복한 고통'이지. 너희가 성공을 위해 살아간다면 살면서 느끼는 고통은 처절할 거다. 그러나 성장을 위해 살아간다면 그 고통은 행복할 수 있다.

삶에 의미를 부여하는 게 뭘까? 엄청난 재산을 물려받아 평생 아무 일도 안 하고 흥청망청 살다 가는 사람은 행복할까? 죽기 전엔 가장 소중한 인생을 탕진했다고 슬퍼하지 않을까? 한 평생을 살면서 사회를 위해, 다른 사람을 위해 기여할 수 있는 삶을 살 때 우리의 삶이 의미 있다고 말할 수 있지 않을까? 그리고 우리는 그렇게 '기여할 수 있는 삶'을 살기 위해 성장해야 하는 것이 아닐까? 난 너희가 그런 삶을 살기를 바란다.

그래서 나는 꽤 중요한 결단을 해야 한다고 생각했다.

이제 너희 모두 성인이 됐고 대학도 졸업했다. 스스로의 인생을 개척할 수 있을 만큼은 자랐다고 믿는다. 독수리는 새끼를 벼랑에 던진다. 스스로 날아오를 수 있도록. 성장은 스스로의 날갯짓으로 안간힘을 쓸 때 이루어진다고 믿는다. 그런데 내가 보는 너희는 아비의 경제적 울타리와 어미의 심정적 울타리 안에서 언제까지 '새끼 독수리'로 머물고자 하는 것처럼 보인다. 그렇게 하루하루 새끼 독수리의 입에 '하루치의 먹이'를 넣어주는 것은 비소와 같은 독약을 매일 먹이는 것과 같다는 심정이 들었다.

하여, 부탁한다. 이제 내 집을 떠나라. 이번 달 길일을 택해 각자 집을 떠나는 용기를 내기 바란다. 다가오는 2010년부터 새로운 삶에 도전해보길 바란다. 너희를 너무나 사랑하기에 '집을 떠나라'는 말을 꺼낼 용기를 냈다. 너희를 믿는다. 너희의 가능성을 믿는다. 분명 비온 뒤의 대나무처럼 쑥쑥 성장한 너희의 모습을 곧 보게 되리라 확신한다.

2009년 12월 3일
아비가

그날이 기억난다. 아내가 매몰차고 잔인하다며 말렸다. 아들과 딸은 처음에는 경악했고 곧이어 반항했으며 마침내 떠났다. 아들은 고시원으로, 딸은 조그만 아파트로 떠났다. 아내의 항의 섞인 투정과 침묵시위를 견뎌야 했다. 그때 나는 연구소 정원의 감나무 두 그루를 보며 견뎠다. 여름에 잎이 무성해지면 나무 밑은 그늘이 크게 진다. 그 그늘 밑에 있는 잔디는 자라지 못하고 서서히 죽는다. 뙤약볕을 가려줘서 시원하긴 하지만 햇빛을 보지 못하기 때문이다.

사람도 마찬가지다. 큰 나무의 그늘에 있으면 비바람도 없고 따가운 햇볕도 없다. 그러나 그 이상의 성장도 없고 안주한다. 그리고 조금씩 말라간다. 인생을 바꾸고 싶다면 음지에서 덕을 보며 살겠다는 마음을 버려야 한다. 과감하게 스스로 떠나야 한다. 특히 가장 크고 든든한 울타리인 부모의 울타리부터 떠날 줄 알아야 한다. 편안함과 익숙함이 주는 그늘의 유혹을 떨쳐내지 못한 사람이 올바른 성장을 이룰 순 없는 거다. 더 나은 직장을 잡을 때까지 먹여주고 재워주는 부모의 마음을 이해 못하는 바는 아니나, 그런 애정이 자발성과 성장 가능성을 모두 잡아먹는다. 애벌레가 나비가 되려면 스스로 고치를 찢고 나와야 한다.

그런 나비가 건강하다. 단단한 껍데기를 스스로 깨고 나온 새의 새끼가 튼튼한 것처럼. 이건 비단 이제 막 사회로 뛰어드는 젊은 이들에게만 해당되는 말은 아니다. 사회생활을 경험한 중년의 직장인들도 실제로는 '어른 아이'인 경우가 많다. 마음속에 누군가에게 기대고 싶은 마음이 있다면 그는 아직 어른이 아니다. 성장할 준비가 되어 있지 않다는 말이다. 떠나야 한다. 만약 자신이 큰 나무 그늘만을 찾고 있다면 마음을 바꿔야 한다. 세찬 비바람을 혼자 겪을 다짐을 해야 한다. 비온 뒤 대나무가 자라는 것처럼 그때 성장이 시작된다.

자식들이 내 집을 떠난 지 3년이 지났다. 여러 우여곡절이 있었다. 기회가 닿으면 그 곡절도 소개할 때가 올 거다. 아내의 걱정은 기우였음이 증명됐다. 아이들 엇나가면 어쩌냐. 건강을 해치기라도 하면 당신이 책임질 거냐. 다시는 부모를 보지 않을지도 모른다 등등. 아니다. 다들 늠름하게 자신의 삶의 의미를 찾아 한발 한발 내딛고 있다.

'성공'의 관점에서 보면 그저 그렇고 그런 거 아니냐 말할 수 있지만 '성장'의 관점에서 보면 3년 전과는 확연히 달라진 걸 느낀다. 건강? 몸에 좋다는 거 스스로 잘 챙겨 드신다. 가족 간의 화목? 같이 살 때보다 싸울 일은 줄고 서로를 염려해주는 일은 늘었다. 다시 들어오고 싶어 하진 않느냐고? 농담 삼아 제발 집에 다시 돌아와 함께 살자고 졸라보지만 대답은 'NO'다. 말은 하지 않지만 나는 안다. 그 사이에 성장의 기쁨과 그 대가인 '자유'를 만끽했기 때문이다.

이 이야기를 하는 이유는 이렇다. 우리 모두는 스스로의 삶에서 의미를 찾고 '성장'에 매진하지 않는 한 언제나 어린 아이다. 부모의 그늘을 벗어나 학교의 그늘로, 회사의 그늘로 옮겼을 뿐 심리적인 메커니즘은 동일하다. 이 책을 읽은 당신, 그늘을 떠나라. 물리적으로 떠나라는 것이 아니다. 심정적으로 벗어나야 한다는 말이다. 그럴 때 어른아이에서 진정한 어른이 된다.

큰 나무 밑은 언제나 그늘이다.

그늘을 벗어나 스스로가 큰 나무가 되길 빈다.

노력 보존의 법칙

펴낸날 **초판 1쇄 2014년 3월 3일**

지은이 **윤태익**
펴낸곳 **(주)살림출판사**
출판등록 1989년 11월 1일 제9-210호

주소 **경기도 파주시 광인사길 30**
전화 **031-955-1350** 팩스 **031-624-1356**
홈페이지 **http://www.sallimbooks.com**
이메일 **book@sallimbooks.com**

ISBN 978-89-522-2850-5 03320

이 도서의 국립중앙도서관 출판시도서목록(CIP)은 서지정보유통지원시스템 홈페이지
(http://seoji.nl.go.kr)와 국가자료공동목록시스템(http://www.nl.go.kr/kolisnet)에서
이용하실 수 있습니다.(CIP제어번호: CIP2014006032)

책임편집 **이주희**